LISHANG JUEDING
CHENGBAI

张伟丽◎著

礼商
决定成败

经济管理出版社
ECONOMY & MANAGEMENT PUBLISHING HOUSE

图书在版编目（CIP）数据

礼商决定成败/张伟丽著 . —北京：经济管理出版社，2017.4
ISBN 978 - 7 - 5096 - 5037 - 0

Ⅰ . ①礼… Ⅱ . ①张… Ⅲ . ①礼仪—通俗读物 Ⅳ . ①K891. 26 - 49

中国版本图书馆 CIP 数据核字（2017）第 073330 号

组稿编辑：丁慧敏
责任编辑：丁慧敏
责任印制：黄章平
责任校对：超　凡　王纪慧

出版发行：经济管理出版社
　　　　　（北京市海淀区北蜂窝 8 号中雅大厦 A 座 11 层　100038）
网　　址：www. E - mp. com. cn
电　　话：（010）51915602
印　　刷：玉田县昊达印刷有限公司
经　　销：新华书店
开　　本：720mm×1000mm/16
印　　张：14
字　　数：192 千字
版　　次：2017 年 5 月第 1 版　2017 年 5 月第 1 次印刷
书　　号：ISBN 978 - 7 - 5096 - 5037 - 0
定　　价：38. 00 元

前　言

提高礼商，做讲"礼"之人

礼商是个人的内在形象标志。个人，唯有彬彬有礼、待人接物大方得体，才能给他人留下好印象。我们没有办法选择自己的相貌，但却可以通过自己的努力，提升自己的礼商修养水平，让自己做一个讲"礼"之人。

曾经有家制药厂和德国一家公司谈合作事宜，如果洽谈顺利，就可以成功引进外资，开始新一轮研发。在洽谈过程中，德国公司到这家企业考察。考察时，厂长感觉嗓子堵得慌，便将一口痰吐到地上；之后，为了不让后面的人踩到，还用脚踩上踩了踩，然后继续为外商讲解。看到这个细节，德国代表目瞪口呆，立刻取消了投资……

一口痰吐掉一个项目！是不是很惊讶?!

古人言："不学礼，无以立!"孔融让梨、百里负米……无一不证明，自古以来，中华民族就是一个知礼懂礼的民族。现代社会，礼商更是体现了个人的修养程度，是个人文明的标志。优雅的行为、礼貌的语言、得体的服装……都是个人文明程度的标志，更是社会衡量道德的标准之一。

在现实中，很多人把过多精力放在了外表上，而忽略了自己的礼仪修炼。一位杂技团团长曾说过：一次，我们急于赴美演出，就此事，我向市文化局作请示。可是，电话响了足足半分多钟，仍然没有人接听。我纳闷了，打算挂电话，突然电话那边传来一个极不耐烦的声音："什么事啊！"我一愣，以为自己拨错了电话，就继续问："请问是文化局吗？""废话，你不知道这是哪儿，你还打什么电话？""哦，您好，我是市歌舞团的，请问王局长在吗？""你是谁啊？"对方仍然没好气地问道……

在这个社会中，没有哪个人能够脱离社会而存在，掌握礼仪知识，提高自己的礼商，是我们每个人的必修课。礼仪是个人驰骋职场、纵横生活的金钥匙，是走向成功的通行证。礼仪不仅不是繁文缛节，而且是一种礼貌，是我们在人际交往中必不可少的一个环节。无论是商务人士，还是职场人士，抑或是普通的居家人员，都应该注重礼商的培养。

礼仪是尊重他人和赢得他人尊重的根本，礼商是个人成功的必备条件。在本书中，作者不仅介绍了礼商的重要性，还从工作、生活、商务、涉外等各方面结合作者近 15 年来在礼仪培训过程中的相关礼仪进行了详细解读。为了给读者以启示，作者还选取了大量培训中的典型案例，分析中肯，语言平实，方法得当，知其然，知其所以然。相信一定可以给读者带来启发。

目　录

生活篇

涉外篇

结束篇

开始篇

　　礼商，既是个人美好形象的标志，也是构建和睦家庭的关键；既是打造良好人际关系的基础，也是致胜职场的杀手锏，更是事业成功的基石……礼商是个人最重要的资产要素，不懂礼商的人，生活会暗淡很多，工作之路也会崎岖不平，因此一定不能忽视了礼商的培养。

第一章　礼商：个人最重要的素质

礼商是个人美好形象的标志

在现实生活中，几乎每个人都在不停地完善自己、改变自己。有些人想成为明星，风风光光，不断地对自己进行"包装"；有些人想要得到别人的称赞，不断地对自己的外貌进行投资，"改头换面"，塑身塑形……年轻本来就是一种资本，但这些并不能让我们发生美的质变。只有内外兼修，才可称为"完美"。而加强个人礼仪修养，提高个人的礼商，则是实现"完美"的有效途径！

北宋时期，有个才子叫杨时。虽然考上了进士，但杨时不喜欢做官，便继续求学。当时，程颢、程颐兄弟俩非常有名，是大学问家、哲学家、教育学。杨时非常崇拜这两个人，虚心拜师求学，4年后程颢去世，他便潜心跟随程颐学习。这时，他已40岁。

一天，杨时遇到了难题，便冒着刺骨的寒风和鹅毛大雪，约同学游酢一起到老师家求教。杨时来到老师家时，老师正坐在椅子上睡觉。为了不影响老师休息，杨时便安静地站在门外等候。老师睡醒之后，发现了杨时，此时他的脚下已有了一尺深的积雪，肩上更是被白雪覆盖。老师连忙将他们两人请进屋，为他们答疑解惑。

这就是有名的"程门立雪"，也成为人们尊师重教的典范。

歌德曾经说过："举止是映照每个人自身形象的镜子。"礼商是个人道德水平高低、有无教养的重要标准，也是体现素质的一个重要方面；同时，注重礼商还是个人美好形象的表现。

2016年立冬那天，我约一个朋友出来吃饭，朋友说正在出差，要去见一个客户，两三天后才能回来。结果第二天她给我打电话说已经回来了，问其原因，她说这个客户并不是理想的合作伙伴，没有去对方的工厂考察，就找借口回来了。

原来，朋友按照约定时间来到这位客户的办公室，可是这位客户居然不在，还迟到了一个小时；不仅穿着随意，谈正事时不是掏耳朵就是摸头发，给人留下了非常不好的印象。最让人看不下去的是，他还在办公室吸烟，并且没有经过女士的同意，非常不绅士。谈话期间，他还接了个私人电话，并在电话中大声斥责对方。

饭后，朋友找个借口，推掉了下午的考察项目，并打道回府。

朋友的这位客户，素质不高、缺乏修养，跟这样的人合作，定然会饱受提心吊胆之苦，让人没有安全感，合作自然会破裂！从这个案例不难看出，个人的行为举止在塑造个人形象中发挥着非常大的作用。

英国哲学家洛克说过："礼仪是在他的一切别种美德之上加上一层藻饰，使它们对他具有效用，去为他获得一切和他接近的人的尊重与好感。"对个人的第一印象往往来源于这个人的言行举止是否良好，而良好的第一印象是非常重要的，甚至能够帮助职场人士创造出潜在价值。

每个人都希望自己打交道的是有礼貌的人。注重谈吐礼仪，能够让人变得文明；注重举止礼仪，能够让人变得优雅；注重衣着礼仪，能够让人变得大方；注重行为礼仪，能够让人变得有教养……礼仪，就是个人的形象代言，礼商高的人往往更容易受人尊敬和欢迎。那么，如何提高自己的礼商呢？一般说来，要遵循以下六个原则：

图 1-1

资料来源：东方 IC。

1. 严格律己

礼仪规范分为对个人的要求以及对待他人两方面。对个人的要求，才是礼仪的基础。学习和运用礼仪，最主要的还是自我要求、自我约束、自我反省。若想提高自己的礼商，就要严格要求自己，让自己的言谈举止都符合礼仪要求。若已经知道自己的行为有待改善，就要坚持一点点改善，对自己严格要求。

2. 尊重他人

对待他人是礼仪的重点和核心。与人相处，要保有一颗敬人之心。在意他人的尊严，不可失敬于人，更不可诋毁他人的人格，要尊重他人的人格，尊重他人的努力，尊重他人的意见，尊重他人的爱好和兴趣。

3. 宽容他人

人与人之间免不了会出现一些摩擦，因此，在交际中，不仅要严于律己，还要宽以待人。对待他人，要保持一颗宽容心。对方犯了错，不要斤斤计较；

对方已经做得很好，就不要过分苛求；即使你有理，也不要咄咄逼人……要用自己的宽容之心去包容他人。

4. 平等对待

对人际交往中的每个对象都要平等对待，给予相同的礼遇。每个人的年龄、性别、种族、文化、身份、财富以及关系的亲疏远近等都是不同的，不能因此而厚此薄彼，给予对方不平等的待遇；当然，针对不同的交往对象，可以使用不同的方法。当你能够平等对待他人时，他人也会毫无偏见地对待你。

5. 真诚相处

真诚是人与人交往的前提条件，只要"敞开心扉，知己便不再难寻"。在人际交往中，一定不要撒谎，不要言行不一。只有真诚对待对方，表里如一，才能体现出对对方的尊敬与友好，才能更合理地被对方理解并接受。

6. 入乡随俗

与人交往，还要懂得入乡随俗，也就是人们常说的"到什么山头唱什么歌"，一定要尊重交往对象的风俗习惯。与交往对象的习惯做法保持一致，尊重交往对象，定然会受到对方的欢迎和礼遇，千万不可目中无人、自以为是。

礼商是家庭和睦的基础

在家庭中，礼仪必不可少。但是，很多人往往都忽视了这一点，觉得家庭是最自由的地方，在外需要讲究，在家就不需要了。其实不然，如果家庭中缺少礼仪，就可能会导致很多悲剧：

一个名叫莉莉（化名）的 13 岁孩子，在自己日记中的"秘密"被母亲偷看并遭到母亲责怪后，毅然决然地服下了一瓶安眠药与一瓶毒药，抢救无效，离开了这个世界。

莉莉妈非常后悔，泪流满面地解释："我仅仅是想要了解女儿心里在想什么。"

莉莉妈不了解家庭礼仪，不够尊重自己的女儿，才会偷看孩子日记里的"秘密"，结果造成了不可挽回的悲剧。"爱"不是家长控制孩子一切的借口，更不是探求别人隐私的理由。尊重他人的秘密，是最基本的礼仪。

"不幸的家庭有各自的不幸，幸福的家庭却一样幸福。"这句话说的是，幸福建立在礼仪的基础上。古语云："相敬如宾、白头偕老。"这句话想要表达的是，夫妻间需要以礼相待，有礼节、懂尊重才可以幸福相伴。曾经，电视剧《我爱我家》掀起了一波收视热潮，很多人对剧中的爷爷印象深刻。老爷子那种热心、好管事、爱发号施令的性格令人忍俊不禁。

在这部电视剧中，老爷子经常会长篇大论地给家人讲大道理、用处理工作的方法管理家庭，闹出许多笑话。但是，尽管家里人不认同爷爷的一些做法，却依然耐着性子听爷爷讲大道理，给予了老爷子足够的尊重，让老人得到了极大的满足。

随着年龄的增长，尤其是到了老年，人的生理机能会逐渐衰退，当事人就会在心理上产生一种极度的不自信。他们会害怕，不愿意承认自己老了，怕别人认为自己"老了，不中用了"；他们会变得非常敏感，自尊心会更加突出。所以，作为晚辈的我们，自然就要重视老人的心理，不能漠视，要在自己的能力范围内努力满足老人的合理要求。遇到家庭大事，要多和老人商量，合理的意见要接纳；老人也会犯错误，但不能像管教孩子那样管教老人；如果意见不统一，要耐心地向老人解释；不能顶撞老人，要给予老人最大程度的尊重。

"父子和而家不败，兄弟和而家不分，乡党和而争讼息，夫妇和而家道兴"，可见"和"是多么重要。这个"和"就是人与人之间要相互谦恭有礼。

图 1-2

资料来源：东方 IC。

家人相处也需要礼仪，需要礼仪来保证家庭的存在与幸福的实现，需要礼仪来调节家庭成员之间的关系。那么，家庭成员在相处时需要遵守哪些礼仪规范呢？

1. 与父母相处

与父母相处时，不能肆意而为，要遵守一定的礼仪，具体表现为：尊重长辈，不训斥父母、不挑父母的毛病；将父母的功德直接告诉自己的孩子，以身作则，做个好榜样，用感恩先辈的心来启蒙后代；不支配父母做事；当自己的孩子不尊敬老人时，先问下自己是否孝顺老人，或者看看自己是否有不合理的言行。

2. 夫妻相处

家庭的建立必须以爱为基础，没有爱如何建立家庭？爱是成家的先决条件，夫妻之间要做到互帮互助，不抱怨，不埋怨；丈夫如果不能让妻子上孝公婆、中悌兄弟姐妹、下慈儿女，即使自己再孝顺，老人也不会放心；丈夫应多多照顾岳父岳母，妻子应多孝敬公婆。丈夫要知晓妻子的道，妻子要知晓丈夫的道，家庭才能和睦。

3. 婆媳相处

在每个家庭中，婆媳都是外姓，聚到一个家里是缘分，相处起来就要如同母女；若婆媳关系不和睦，便会闹得家庭分崩离析，家道不兴；做媳妇的，应该把公婆当成自己的父母看待；当女婿的，也要将岳父岳母当成亲爸亲妈来对待。人生来都有双重父母，对双方父母一视同仁，才能家和，才能万事兴。如想夫贵子贤，就要多孝敬公婆，如此，日子准能越过越好。

礼商是打造良好人际关系的基础

在人与人交往的过程中，不懂礼仪，不具备礼商，就会给他人留下不好的印象。一旦对方对你的认识出现偏颇，后续交往也就不顺畅了。从这个意义上来说，礼商也是创造良好人际关系的基础。《林肯传》中曾提到过这样一个故事：

林肯和一位南方绅士乘坐马车外出，途中遇到了一位黑人老婆婆。老婆婆摘下自己破旧的帽子并向林肯深深地鞠了一躬，林肯点头微笑，并且摘帽还了一礼。

南方绅士不解地问道："你为什么要向一个黑人摘帽呢？"林肯平静地看了这位绅士一眼，回答说："因为我不愿意在礼仪的问题上比其他人差。"

这足以说明个人在礼节与道德上的坚持，这件事情为林肯赢得了很好的声誉。

礼仪是世人为了良好人际关系而创造出来的，是人际关系道路上的通行证。对于这个问题，伊丽莎白女王曾说过："礼仪是一封通行四海的推荐书。"在意它，你就能够路路畅通，如鱼得水；忽视它，你就会四处碰壁，惨遭失败。

生活中，许多人在容貌、才能、说话等方面其实没有什么超出常人之处，在与人交往方面却非常厉害，并可以迅速地与一些素不相识的人成为朋友。"如果只讲究长相，可能我还比他帅气几分呢。但是，为什么他的交际能力就比我强这么多？"很多人心里经常会出现这样的疑问。其实，这些人之所以受欢迎，并不是因为他的容貌、才能，而是因为他有礼貌地对待身边的人。苏霍姆林斯基的著作《做人的故事》中，有这样一则小故事：

夏天，父亲与小儿子走在乡间的小路上。周围静悄悄的，只听到远处啄木鸟的敲击声和林子深处小溪的潺潺声。

突然，儿子看到一位拄着拐杖的老奶奶迎面向他们走来。

"爸爸，老奶奶去哪里？"儿子问。

"既然看到了，我们就去迎迎她或者送送她。"父亲回答："当碰到她时我们就对她说'您好'。"

"我们为什么要对她说这个词？"儿子很奇怪，"我们根本就不认识她。"

"我们这就去迎接她吧，到时候你就知道为什么了。"

他们与这位老奶奶相遇了。

"您好。"儿子说。

"您好。"父亲说。

"您好。"老奶奶说完，开心地笑了。

儿子吃惊地看到，周围的一切都变了。太阳更明媚了，一阵轻风掠过树冠，叶子沙沙地响，鸟儿在灌木丛中歌唱，而之前都没听到它们的歌声。小男孩的心里好快活。

"为什么会这样？"儿子问。

"因为我们对别人说了'您好'，她还微笑了。"

人际交往的礼仪原则之一就是，你如何对待别人，别人就会如何对待你。

假如你觉得别人对你是不友好的、陌生的，那么在别人眼中你也是不友好的陌生人；假如你把陌生人当作朋友来看待，陌生人也会带着多一分的真心来看待你。

图1-3

资料来源：东方IC。

世事洞明皆学问，人情练达即文章！若想与其他人打交道，便不可不提礼商。礼商是人际交往的红绿灯，能够帮助我们"规范言谈举止，学会待人接物；塑造良好形象，赢得社会尊重，架设友谊桥梁"。那么，怎样提高自己的礼商呢？

1. 良好个性

良好个性品质是建立良好人际关系的重要条件，同时也是个人综合素质的具体表现。每个人都喜欢和个性品质好的人交往，而对那些虚伪的人则充满了厌恶感和排斥感。因此，要想受人欢迎，就要让自己养成良好的个性品格。

2. 举止文雅

举止文雅，是指待人接物要热情，讲究礼仪与风度，而不是衣冠楚楚、着装时髦、梳着流行的发型却言语粗俗、行为轻浮。"金玉其外，败絮其中"，会让人觉得不成熟、不可靠、不踏实。如果想给他人留下好印象，就要培养文雅的举止。

3. 坦诚待人

所谓坦诚，顾名思义就是，要带着诚心与别人交流，不要用狭小的心胸去看待他人，不要耍小聪明。人都是具有感知力的，只有真诚地对待别人，别人才会真诚地对待你。与人交往，瑟瑟缩缩，或者假话连篇，相信没有人会待见你。你对他人坦诚，他人才会对你坦诚！

4. 信任他人

信任是坦率、真诚的前提，信任是相互的，你信任他人，才会得到他人的信任。对什么事都抱着怀疑的态度，那么也不会得到别人的信任。唯有对他人信任，才可以坦率、真诚地与之交往。因此，要相信他人的为人，相信他人的说法，相信他人的想法，相信他人的处事原则……

5. 宽容大度

宽容别人，是为了减轻自己的烦恼。"不要用别人的错误来惩罚自己"，对于一件事，无非就是两种选择：一种是不原谅，另一种是原谅。原谅，就是放过他人，也放过自己。消除了自己的不良情绪，人际关系自然就更协调。埋怨别人，生别人的气，自己也只能得到一肚子怨气，容易出言不逊，最后导致人际关系紧张。

6. 乐于助人

善良、真诚、乐于助人都是非常美好的品质，在这些美好的品质中，乐于助人是最为重要的。助人是合作的前提条件，是促进人际交往的催化剂。

助人就是帮助他人，团结他人，种什么因结什么果，你帮助他人，他人在你需要帮助时，也会来帮助你。为人淡漠、自私自利、损人利己就相当于和别人绝交。

7. 温和中庸

中庸的核心是和谐、适度与圆融。在人际交往中，我们要掌握"中庸"的思想，不偏颇，不偏激，温和地对待他人。温和是防止人际关系变差的有效保证。一个善于人际交往的人，往往都是态度温和的人，与人交往，要态度温和。

8. 学会忍让豁达

生活中，很多人的脾气都是一点就着，但很多时候根本就没有必要。事情的解决都需要忍让，需要退让，当你主动向后退一步时，对方就会对你多出一分信任和好感。当然，这里的忍让，并不是让自己受委屈，而是在自己的原则和底线范围内，为了整体利益以及长远利益做出让步。所谓"和气生财"，两和皆旺，两斗皆伤！

9. 建立自信

自信在人际交往中非常重要。没有自信的人，会觉得别人看不起自己，会把表扬看作嘲讽，把善意的批评帮助看作整人的手段，其实这仅是个人的自卑感在作怪。要尝试做一些自己擅长的事情，为自己树立自信心。任何人都喜欢跟自信的人交往。

礼商是立于职场的一招撒手锏

职场人际关系学专家说过："这是一个两分钟的世界，你只有一分钟的时间展示你是谁，另一分钟的时间是让别人欣赏你。"假如不了解职场礼仪，不合适的言语、不整洁的衣冠、不恰当的举止、不合理的待人接物方式，都会不被他人接纳，并丧失和他人更进一步交往的机会。也许这些人中有些人能够在职场上助你一臂之力。

2016年5月，一位商业大鳄在酒店办了一场商业聚会。席间，一位客户穿着很另类，手上戴着好几枚金戒指，脖子上也戴着一条非常粗的金链子。

敬酒时，这个客户嫌西装束缚便顺手脱掉了西装，还把衬衫的衣袖卷到了胳膊肘，人们难以把他与一个成功的商务人士关联起来。他向大家敬酒时，酒杯高过了大家的酒杯。大家都彬彬有礼地交谈的时候，他居然肆无忌惮地大笑。

这次聚会之后，人们私下说，以后不能和这个客户合作，他不仅喜欢炫富，举止还不礼貌，完全没有一个商务人士该有的样子，和这样没有修养的人共事，迟早出事。结果，这个客户不注重礼仪，失去了很多重要的合作伙伴。

不可否认，案例中的这位客户就败在个人礼商上。

提高个人礼商，是立足职场、获得贵人相助的基本前提，是成就事业、获得美好人生的重要条件。假如你不了解礼商，在应该讲究礼仪时言行粗鲁，就会给他人留下恶劣印象，失去他人的好感，继而影响自己的职业生涯。

张群是一家教育机构的普通职员，27岁，从毕业到现在，已经在这家公司工作了4年。那天，总公司销售部的人员来他们公司进行考察，张群是负责接待工作的主要员工之一，双方在公司大门口会面。

见到总公司人员，张群立刻上前抢着与他们握手；等电梯时，为了表示对总公司人员的重视，他执意要求总公司专员先进电梯，最后人没全部进来电梯门就关上了，他被关在了电梯外；当总公司人员问他公司销售部在哪里时，张群用一根手指指着一个方向说"在那边"……

张群的这些行为非常不得体，让人不由得认为他是不是刚毕业，怎么像个职场新人一样无知？虽然工作了几年，是公司的老员工了，可是却没有一点礼数，让人觉得很幼稚。

在社交礼仪中，见面握手，应该由上级对下级先伸手，女士对男士先伸手；陪客户或者客人进电梯时，接待方应该先进电梯，并且一直按着电梯门按钮，防止电梯门中途关上……张群居然连这些基本礼仪都不了解，也许这正是他在这家公司工作了 4 年还仅是一个普通员工的最重要原因。不了解职场礼仪，像个不懂事的孩子一样，领导如何敢委以重任？

图 1 - 4

资料来源：东方 IC。

笔者在给企业员工做培训时经常说："形象好不一定能够让你成功，但粗鄙的形象却一定会使你失败！"任何人都不愿意和一个行为粗鲁的人做朋友，更不要说与其合作了。

拿破仑·希尔曾说过："世界上最廉价，而且能得到最大收益的一项物质，就是礼节。"职场竞争并不是说，能力过人你就必然会获得最后的成功，要想成功，不仅要有内在能力，还要注重外在的礼仪，做到内外兼修。

1. 握手的礼仪

握手是职场人士进行商业活动中非常重要的一件事，身在职场，就要知道握手的基本礼仪。比如，握手的正确方式是在距离对方 1 米左右，双腿站直，上身略微前倾，之后伸出右手，四指并拢，拇指张开和对方相握，力度要适中，上下微微晃动三四次。

2. 递物接物的礼仪

职场上经常会遇到递物和接物，怎么办？要使用双手，例如递名片时，要用双手恭恭敬敬地递过去，名片的正面要冲着对方；在接受对方的名片时，也要恭恭敬敬地双手捧接；接过后不可立即放入口袋，要先大致浏览一遍名片上的内容，再放入口袋。

3. 拜访礼仪

需要上门拜访客户时，拜访之前要先和被拜访者取得联系，在对方了解并同意的情况下，确定好拜访时间与地点，再按照约定时间准时拜访。拜访时需要注意：应避开客户的午睡时间，敲门的力度不宜太大，若有人应声，应侧身立在右门框的一侧等待客户开门；客户开门后，要向前迈半步与主人相对。

4. 言谈礼仪

与他人交谈时应注意自己的态度，态度要诚恳认真，交谈声音大小要适中，语调不要太高，要注意平和沉稳，用词要礼貌，要体现出对对方的尊敬，给对方留下好印象。

礼商是事业成功的基石

职场礼仪作为人们在职场社交活动中逐渐形成的各种行为规范和准则，

对职场人士的成长有非常大的促进作用，可以让职场人士更加严格要求自己、提升自己，将自己自信、得体、成熟的一面体现出来。

春秋战国时期，赵国名臣蔺相如是个很有见识和才能的人。在"完璧归赵"、"渑池相会"两次外交斗争中，都捍卫了赵国的尊严，成绩远超大将廉颇。

廉颇表示不服气，于是便口出狂言："我也为赵国付出很多，立下赫赫战功。蔺相如不就是有张巧嘴吗？有什么了不起，居然敢爬到我头上，不自量力！"蔺相如听到这些话后，为了不发生矛盾，便尽量不跟廉颇会面。每次出门，都要尽量避开廉颇；为了不与廉颇在朝堂上相见，有时甚至装病不上朝。

一次蔺相如有事出门，没走多远，便看到廉颇的车马从远处迎面而来，便嘱咐车夫绕小路走。对这种做法，蔺相如手下感到很委屈，决定告辞还乡。蔺相如知道他们的心意，极力挽留。为了说服他们，他问手下："你们觉得，廉将军和秦王比起来，谁厉害？"大家都说："廉将军自然比不上秦王！"

蔺相如说："对呀！诸侯各国都害怕秦王，可是为了赵国我敢在秦国朝堂当着众人的面斥责他。我连秦王都不怕，还会怕廉将军？你们知道吗，秦国之所以不敢攻打我们赵国，就是因为赵国有我和廉将军。如果我们两人发生争斗，必然会伤害到彼此，对赵国好吗？我处处都让着廉将军，就是想减少冲突，维护国家利益啊！"听了蔺相如的这番话，手下的气消了，不再想着还乡，反而更尊敬蔺相如了。

后来，廉颇也知道了蔺相如说的这番话，十分感动，觉得自己对不起蔺相如，决心向他当面请罪。这天，廉颇脱下战袍，赤身背着荆条，来到蔺相如府第，跪在地上，满脸泪水，对蔺相如说："我是一个粗人，目光短浅，气量短小，而您却如此宽容，请您责罚！"

蔺相如看到这情景，急忙扶起廉颇。从此，两人之间的芥蒂消除了，团结一致，秦国更不敢轻易侵犯赵国了。

故事中，为了照顾大局，蔺相如宽以待人，虽然廉颇对他不敬，他却没往心里去。因为他知道，只要尊重他人才能得到他人的尊重。事实证明，这种想法是正确的！因为，最终廉颇认识到了自己的错误，主动向蔺相如道了歉，两人的关系也更近了。

与人交往，需要的是尊重，需要的是换位思考，而只有懂礼商的人才能真正做到。亨利·福特曾说："好形象是个人事业成功的通行证。"这句话意在说明礼仪对成功的重要性，也为正在努力的年轻人指引了一条前进的道路。大量案例证明，不了解礼仪、不注重自己形象的人很难取得事业的成功。

斯特凡接手了一家鲜花饼加工厂。因为经营有道，业务迅速做大了，不但扩张到了整个加拿大，还发展到了美国。一天，他收到了一份来自华盛顿的大订单，欣喜不已。于是，亲自带着工人连夜赶制产品，顺利地在规定的时间内做完了所有工作，将货物发往了华盛顿。然而，不久之后，从华盛顿打来电话，要求退货，理由是货物"有质量问题"。

斯特凡感到十分纳闷：这批产品是自己亲自监工生产出来的，不可能出现质量问题。而且他非常相信自己产品的质量，一定是其他环节出现了问题！斯特凡收拾行李立刻飞往华盛顿。当西装革履的斯特凡出现在华盛顿那家公司的总经理面前时，对方非常吃惊。尽管还不明白退货的真正原因，但是商业嗅觉敏锐的斯特凡从对方的细微表情变化中知道了些东西。

在之后两天的相处中，斯特凡不卑不亢、风度翩翩，用自己的行为举止向这家公司充分展现了一个现代企业家的气质与风度，最后不仅解决了"质量问题"，而且与那位总经理成了好朋友，之后更成为长期的商业伙伴。

那么，"质量问题"到底是什么呢？斯特凡仍然无从得知。因为他与对方谈得更多的是企业管理与人生修养，他们压根没有提什么质量问题。很多年之后，斯特凡与那位总经理的关系已经非常稳定了，斯特凡才知道真正的原因。

这批货原本是该公司的一个部门经理向斯特凡订的，他向总经理汇报后，总经理得知这批货是由"加拿大农民"加工生产的，就觉得老板也许是一个无礼蛮横的"农民"，对那批货并不看好，为了不影响后续的工作，做了退货的决定。然而，当形象良好、可以和自己侃侃而谈的斯特凡出现在他面前时，他才知道自己犯了个多么可笑的错误。

从斯特凡的经历中，我们不难看出，个人的外表、行为、举止都会对其事业产生重要的影响。美国形象设计大师鲍尔说："成功男人的风格反映在外表，而优雅来自内在，它是你的自信及对自己的满意，它通过你的外表、举止、微笑展示。"

我们通常认为讲礼仪的人修养就高，其实是讲礼仪的人更注重言谈、行为、服饰等这些细节。越是注重礼仪，对自己的要求就越高。在严格自我要求的过程中，个人内在素质也会越来越高。

拥有良好的形象，才更容易在竞争中立于不败之地。每个职场新人都希望自己可以成功地推销自我，最终实现自我价值。那么，如何提高自身的形象素质呢？在学习礼仪上，要注意两个问题：

1. 摆正位置

摆正位置是人际关系中十分重要的一个问题。礼仪的存在其实就是为了更好地尊重自己与尊重别人。因此，在人际交往中，要尊重对方，要把对方摆在一个关键位置。比如，与别人交往时，要善于夸奖对方；当对方穿了一件新衣服或在某方面取得成功，要说点夸奖的话；若想请对方吃饭，切记先问对方喜欢的菜系、想要去哪里吃等。

2. 端正态度

职场中行走，如果希望别人接受你，必须先学会接受别人。与别人交往时，要端正自己的态度，善于接受对方。如不是原则性的问题，就要多宽容一些，不可以随便对别人的行为做过多的是非判断。

工作篇

  与性格不同、习惯不同、做事风格不同的同事相处，关系着工作的进步与发展。与客户见面，采用不当的方式，是不礼貌的。一旦留下不良印象，不论你多么努力，客户都会忽视你。不善交谈，怯于说话，都不妥。商务宴请，提升个人品味修养，也能提高生意的成功率。

第二章 职场礼商：在办公室懂礼节才能获得尊重

你不尊重同事，同事也不会尊重你

职场中，我们会遇到性格不同、习惯不同、做事风格不同的同事，与同事相处得如何，直接关系到自己的工作、事业的进步与发展。如果同事之间关系融洽、和谐，自然就会感到心情愉快，就会有效促进工作的顺利进行；反之，如果同事关系紧张，相互拆台，经常发生摩擦，就会影响工作和生活，阻碍事业的正常发展。而要与同事关系融洽，就要先了解职场礼商。

在众多的职场礼仪中，尊重他人最为重要。孔子曾经说过："礼者，敬人也。"礼仪，是个人在职场中待人接物的最基本态度。职场中，每个人都希望得到其他人的尊重。殊不知，尊重也是相互的。

王林和舒畅在同一家公司工作。王林工作起来尽职尽责，表现很好，深受上司的喜爱；而舒畅不懂为人处世，与同事关系很淡。

舒畅看老板十分器重王林，心里非常不平衡。在一次讨论方案的会议上，王林说完自己的设想，请大家发表意见。舒畅用不阴不阳的口气说："王林花了这么长时间，找了这么一堆材料，一定很辛苦，我怎么一句也没听明白呢？是不是我的水平太低，需要王林给我再来一点启蒙教育？"王林很生气，

图 2 – 1

资料来源：公司员工拍照。

但又无言以对。

在我们周围，有很多像舒畅这样不懂得尊重别人劳动成果的人，这样的人也很容易受到大家的排斥。席勒曾有言："不尊重别人的人，别人也不会尊重他。"你对别人什么态度，别人就会回赠你什么态度！

劳动成果是个人辛勤劳动的结果，是用智慧、劳动、心血创造出来的，必定付出很多。别人展现成果时，立刻做出否定是很不礼貌的，会刺伤对方的自尊心。如果确实觉得对方的方法不好，也不要直接说出来，因为你的一句否定很有可能影响你们的关系，最好保持沉默或者用一种委婉的方式表达出来，尽量让别人接受。

李明在一家广告公司工作，性格比较内向，不太喜欢和同事开玩笑。

李明非常喜欢研究军事武器，经常会在网上关注这方面的信息，或查找有关图片，说起来津津乐道。同事们都羡慕他，可是顾兵却表示很不理解，因为他觉得军事武器对普通人来说非常遥远。

中午休息时，李明在网上找军事方面的资料，顾兵冷嘲热讽地说："我们这里出了军事专家啦，真是浪费人才，应该向布什申请个职位嘛。"李明听后，觉得自己的人格尊严受到了侵犯，和他大吵了起来。

两个同事会吵架，无非就是因为顾兵不尊重李明。在职场中，应该学会相互尊重，因为只有尊重他人的人格，方严守了做人的准则。

每个人都有独立的人格，尽管大家的出生、经历、对社会的贡献有所不同，但在人格上是平等的。因此，要想赢得他人的尊重，必须先学会尊重他人。

1. 同事见面主动问候

在一起工作，每天抬头不见低头见，主动问候是打造好人缘的最好法则。见面问候是最基本的礼貌，大家在一起共事，即使已经很熟悉了，碰面也要问候，主动和他人打招呼可以表达你的热情，给别人受尊重的感觉。因此，同事见面时要主动问候对方，不要等到对方向你问候了才做出回应。

2. 用友善的眼光注视别人

眼睛是心灵的窗户，用友善的眼光注视别人，对每个人投以微笑，用友好的方式来表达自己，别人也会以同样的方式来回报你。尊重公司里的每个人，不仅是一句口号，更需要你切实地去贯彻执行。因此，在与同事相处的时候，一定要用友善的目光去关注对方，不要眼神飘离，更不能眼露轻蔑。

3. 学会倾听

倾听是对别人的一种尊重，能赢得他人的信任。人们总是喜欢关注自己的问题和兴趣，当你认真倾听对方时，对方才会有被重视的感觉。

专心听别人讲话是你所能给予别人最好的礼物，对上司要学会倾听，对同事同样也要学会倾听。注意倾听别人讲话总是会给人留下良好的印象。

4. 保守同事的秘密

要尊重同事，必须自觉保守同事的秘密。同事的个人秘密，当然就是不愿让其他人知道的隐情。同事将自己的隐私告诉你，说明同事对你足够信任，你们之间的友谊肯定要超出别人一截，否则他不会将自己的秘密向你全盘托出。对于这样的秘密，一定要保密，不能像个大喇叭一样一股脑儿都说出去。

5. 不要以自我为中心

在与同事相处中，管不住自己的嘴，想说什么就说什么，想做什么就做什么，很容易在无意间伤害到别人。在你说与做之前，要多想想同事的感受，多顾及身边的人；同时，也不要强人所难，不要把自己的思想强加给同事。

"己所不欲，勿施于人。"在办公室里，不要以自我为中心！

同事遇到问题，主动询问

工作中，任何人都不可能不遇到问题。如果同事遇到了问题，怎么办？是袖手旁观，还是直言相告，抑或是为对方提供建议？有这样一个故事：

夜晚，一个盲人走路时手里提着一盏明亮的灯笼。路人看到了，感到很好奇，问："你自己看不见，为什么还要提灯笼走路？"

盲人微笑着说："道理很简单！我提灯笼并不是为自己照路，而是让别人容易看到我，不会误撞到我，这样既可以保证他人的安全，也可以让自己不被伤到。"

无独有偶，一个汽车司机和盲人的想法一样。

过去，开车经过隧道时，这个司机总是不喜欢开车灯。一来隧道不长，里面光线不差；二来嫌麻烦，认为实在没有必要开。不料，有一天被迎面而来的大卡车撞了个正着，险些命丧黄泉。后来，他才醒悟到，开车灯是给对方看的。因为车子经过隧道时，对方是从亮处进入暗处，视觉一时调整不过来，如果对面来车不开灯，实在是太危险了……

　　无论是在职场中，还是在人生道路上，自己走路注定是孤寂的，没有人知道你从何处来，又往何处去。多学学提灯笼的盲人，为别人照路，同时也照亮自己。

　　时时帮助和关怀同事，同事也就会帮助你，"为善至乐"说的就是这个意思。因此，当同事遇到问题时，要主动询问。如果自己确实能够为其提供帮助，就要尽力帮忙，逐渐增进双方之间的感情，使关系更加融洽。

　　迪特在纽约一家大银行当秘书，一天上司让他写一篇兼并另一家银行的可行性报告。这件事事关机密，能找到的帮手很少。经过了解，迪特发现有个人可以帮助他，这个人就是同事凯蒂。因为凯蒂曾在那家银行工作过十多年，现在是自己的同事。

　　很快，迪特就走进了凯蒂的办公室。当时，凯蒂正在接听电话，他显得很为难，对着电话说："亲爱的，这些天实在没有什么好邮票带给你了，过些日子我再带给你，好不好？"放下电话，凯蒂解释说："我在为我那12岁的儿子搜集邮票。"

　　迪特直接说明了自己的来意，但也许是凯蒂对自己过去的公司还有感情，没有立即答复。迪特不得不结束了这次谈话。

　　迪特一筹莫展，突然想到了凯蒂打给儿子的电话：他儿子喜欢集邮！想到这里，他便给自己一位在航空公司工作的朋友打电话，这个朋友曾经很喜欢收集世界各地的邮票……第二天早晨，迪特请朋友吃了一顿丰盛的法式大餐，朋友送给他很多精美邮票。

　　迪特第二次来到凯蒂办公室。看到邮票，凯蒂满脸笑意，一个劲儿地说："我儿子一定会很喜欢的，真是太谢谢了！"迪特与凯蒂花了一个多小时的时间谈论邮票，之后又看了凯蒂儿子的照片。结果，没等他开口询问，凯蒂就将知道的资料全部说了出来。迪特顺利完成了可行性报告的撰写。

　　迪特因为帮助凯蒂得到了邮票，从而得到了凯蒂的鼎力相助，最终完成了报告的撰写。他帮助了别人，最终也帮助了自己。迪特的成功，让我们看到了"与人方便，与己方便"的真正要义。一个心里时刻装着别人、设身处地为他人着想、有奉献精神的人，不仅能得到他人的好评，而且能让自己的内心得以充实、人格得以完善、思想境界得以升华。

帮助别人很简单，有时候一句话、一句安慰、一声问候都是一种帮助。不要因为自己的力量过于弱小就不好意思去帮助别人，也不要因为别人的力量弱小就拒绝别人的帮助。

1. 回答问题要巧妙

当同事征求我们的意见时，有些话是不能说的，有些话是要巧妙地说的。比如，有人问："我们的工作态度有问题吗？""我该不该用那样的方式处理和××的矛盾？"……不能直接回答"是"或"不是"，要提出一个可行的办法。告诉他，如果你是他，你会怎么做。

2. 表达自己的真诚和关切

对同事的帮助要真诚，不要给人以"有目的"的感觉。对同事的关心应该是发自内心的，要让对方愉快地接受，让自己得到心灵的满足和愉悦；如果不够真诚，就会给人一种虚伪的感觉。当同事觉得你做人特"假"时，他们就不会信任你了。

3. 为同事多设想

给同事提供帮助固然好，但不能想当然。因此，在为同事提供帮助时，最好以不冒犯别人的自尊为前提，否则会收到相反的效果。另外，要先设身处地为同事着想，再提供帮助。只有这样，才能恰到好处地帮助同事，而不会出现好心办坏事的情况。

多站在对方立场上思考问题

创建了著名的松下电器公司的松下幸之助先生，在做生意的过程中，总结出一条重要的人生经验：站在对方的立场看问题！

与同事交往，总会出现许多分歧。松下幸之助希望缩短与对方沟通的时间，提高会谈的效率，但却因为双方存在不同意见、说不到一块儿而浪费掉大量时间。

在23岁那年，有人给他讲了一则故事——犯人的权利。他从中领悟到一条人生哲学。凭借这条哲学，他与合作伙伴的谈判突飞猛进，人人都愿意与他合作，也愿意做他的朋友。

松下电器公司能在一个小学都没读完的农村少年手上，迅速成长为世界著名的大公司，就与这条人生哲学有很大关系。这条哲学很简单：站在对方的立场看问题！

有一位少年去拜访一位长老，向他请教生活与成功之道："我怎样才能让自己得到幸福，同时又能带给别人快乐呢？"

长老看了看他说："我送你四句话，第一句话：把自己当成别人。"

少年想了想，说："在我感到痛苦忧伤时，把自己当成别人，痛苦自然就会减轻；当我欣喜若狂之时，把自己当成别人，那些狂喜也会变得平和一些，是这样的吗？"

长老点点头，说出了第二句话："把别人当成自己。"

"在别人不幸时，"少年皱着眉头道，"真正用心去同情别人的不幸，理解别人的难处，在别人需要时，及时地给予帮助。"

长老微微一笑，又说出一句话："把别人当成别人。"

少年说："你的意思是让我充分地尊重每个人的独立性，在任何情形下，都要根据别人的特点和需要来调整自己的行为。"

"说得很好！"长老眼中流露出赞许的目光，说出了第四句话："把自己当成自己。"

想了一会儿，少年遗憾地说："这句话的意思，我一时悟不出来。而且这四句话之间也有许多自相矛盾之处，我用什么才能把它们统一起来呢？"

"很简单，用一生的时间和精力。"长老说道。

少年沉思良久，叩谢而去。

长老的一席话，告诉我们一个道理：无论穷困潦倒，还是春风得意，都不要忘了换位思考，想想别人，反思自己。只有多站在同事的立场上思考问题，才能用理解和宽容对待每个同事，才能把同事变成朋友，把同事变成手足。

《孙子兵法》有云："知己知彼，百战不殆。""知己"与"知彼"相比较，"知彼"更为重要。对于同事，这一条就更为重要。处理不好同事关系的一个重要原因就是，从来都不懂得站在同事的立场看问题。

孔子曾经说过："不患人之不己知，患不知人也。"看待问题的角度不同，就会产生不同的看法。"一千个读者眼中便有一千个哈姆雷特"，这句话十分精辟。不同的生活、不同的环境、不同的人生观、不同的思考方式，使得每个人思考问题的角度都不相同，学会换位思考，同事之间的关系将会更加融洽。

1. 多欣赏同事的优点

处于职场，避免不了要与很多同事、合作伙伴打交道，而每个人身上都或多或少会有些缺点，当你发现时，不要用放大镜去放大他们的缺点，而要用望远镜去欣赏他们的闪光点，这样才有利于你们的友好相处，而且会让你不自觉地向别人的长处学习。

2. 换个角度去理解

每个人对事情都有各自的看法，处理的方式及所站的立场也就各不相同。与同事发生争吵，通常都是由于意见或角度不同而发生了一些问题，如果都能敞开自己的心胸，向后退一步，积极采纳他人的建议，而不是愚昧地与他人争吵，自然就可以避免一些不必要的纷争。

3. 尊重每个同事的差异性

个人因为智商和情商高低不同会有很大的差异，尊重彼此的观点，相处的空间就会更大。在与同事合作的过程中，意见一致不代表团结，也并不意味着齐心，只有团结才能互补；合作应该尊重差异，重视不同的意见，与不同个性的人交往，自己也能从中汲取丰富的知识见解，此所谓"三人行，必有我师焉"。

4. 真诚对待同事

现在这个社会，是一个竞争的社会，工作压力大，如果再加上与同事有矛盾，关系处不好，牵扯的精力就更多，就会越干心越烦。真诚对待同事，珍惜同事之情，同事也会同样待你。正常待人，必然会换来一颗真心。

管住自己的嘴，不该说的就不要说

有这样一个故事：

一位客人从很远的地方来，郑重其事地送给主人一个礼盒。主人非常开心，收下，打开一看，发现是三个普通的小金人。主人奇怪地问客人："你为什么要将这样的小金人送给我？"

客人将三个小金人从礼盒中拿出来，放在桌上。之后，取出一根稻草，给主人做了一个实验：当稻草穿过第一个小金人的左耳时，稻草从金人的右耳出来了；当稻草穿进第二个金人的左耳时，稻草从金人的嘴里出来了；当客人把稻草穿进第三个金人的左耳时，被吞进了肚子，无法取出。

这个故事告诉我们：在特定的环境或特定的时期，沉默是最好的为人处世的方法；管住自己的嘴，是最好的为人之道。

很多时候，事情并不是谁想怎样就能怎样，许多因素都会对事情的发展造成影响。管住自己的嘴，既是对别人负责，也是对自己负责！

职场上，每天都要和同事、领导说话。说什么、怎么说，什么话能说、什么话不能说，都应"讲究"。"说话"也是一种艺术，很些人吃亏就是因为没能管住自己的嘴巴。

小张在国家机关做办公室文员，性格内向，不太爱说话。可每当就某件事情征求她的意见时，她说出来的话总是很"刺"人，而且总是在揭别人的"短儿"。

一次，有个同事给大家看自己父母在外国游玩的照片，同事们都纷纷表示：叔叔阿姨好浪漫，阿姨很有气质，叔叔有"大哥"的风范……这时小张却开玩笑说："阿姨很有气质，但是嫁给叔叔有点像一朵鲜花……"话没有说完，同事脸马上拉了下来，大家也都感到很尴尬，回到了自己的座位上。貌似开玩笑的话，弄得大家不欢而散。

大家都有点受不了小张的嘴，小张也意识到了自己的错误。尽管这样，如果偶然需要听听她的意见时，她还是会把别人最不爱听的话给说出来。

职场上，我们每天都要与同事、领导沟通和交流。千万不能像案例中的小张一样，管不住自己的嘴，该说的说，不该说的也说。同事的相处之道是，有些话，应当说便说；有些话，不该说就不要说。既不要做一头默默无闻的老黄牛，也别当叽叽喳喳的虎皮鹦鹉。

俗语说"良言一句三冬暖，恶语伤人六月寒"。智者可以用一句话把人说笑，而蠢人的一句话可以把人说跳，这就是智者和蠢人的区别。说话可以体现个人的语言素质，一个会说话的人，必定是一个有礼貌，懂得看时机、分对象、把握分寸、掌握语调、分场合的人。

有时候，做哑巴也是一种境界！在职场中，要见什么人说什么话。

1. 和老板说话

和老板说话的时候，先要认清自己的地位、分量，就是所谓的掂量掂量

图 2 - 2

资料来源：公司员工拍照。

自己有几斤几两。俗话说，初生牛犊不怕虎！很多职场新人和老板什么话都敢说，不知道分场合，有时候甚至弄得老板没面子。要想给老板留下好印象，说话就要充分顾忌老板的感受，投其所好。

2. 和同事说话

同事也有等级之分，如果是职位比自己高的，说话就要谨慎，不能说不该说的就尽量避免。和同事说话，要避免是非；和同事说话，要公私分明，尽量不要混入私人感情，公事公办；和同事说话，要多注意对方的说话习惯，如果对方本来就大大咧咧，就不要斤斤计较。

3. 和客户说话

客户是上帝！既然是和上帝说话，就只能尽量说好话，说上帝爱听的话，讨好上帝。和客户说话要周到有礼，礼多人不怪，尤其是和客户说话，礼数是绝对不可废的。

介绍公司业务的时候，要全面翔实，充分展示公司服务。绝不能使用模棱两可的语言，客户要的是准确数据，因此和客户谈话要有力干脆、充满自信。

不要过分张扬，低调很重要

周恩来曾说过："自以为聪明的人往往是没有上场的。世界上最聪明的人是最老实的人。因为只有老实人才能经得起事实和历史的考验。"其实，这里所谓的老实人，就是指那些做人低调、不夸张的人。职场中，充分发挥自己、充分表现出自己的才能和优势是没错的，但是表现自己必须分场合、形式，如果过于表现，看上去矫揉造作，会引起同事的反感。

郭娜是一家大公司的高级职员，工作积极主动，表现很好，待人也热情大方，跟同事关系也不错。然而，一件小事情却使她的形象在同事眼中一落千丈。

有一天，公司开员工大会，在大家等待总经理到来时，一个同事觉得地板有些脏，便主动拖起地来。郭娜没太在意，一直站在阳台旁边。突然，郭娜走过来，拿过同事的拖把替他拖地。本来地已差不多拖完了，根本不需要她帮忙，可郭娜却执意要求，同事只好把拖把给了她。接过拖把没过一分钟，总经理便推门而入。看到郭娜在勤勤恳恳地拖地，总经理微笑地表示赞扬。同事知道了郭娜这种虚假的面孔，都不搭理她了。

在办公室里，本来同事之间就是一种隐性的竞争关系，如果像郭娜这样一味刻意表现，不仅得不到同事的好感，反而会引起大家的排斥和敌意。真正善于表现的人常常既表现了自己，又不露声色，刻意表现是最愚蠢的。低调做人，才会一次比一次更稳健！

在职场上，低调做人是一种平和的心态，既可以让自己轻松一些，也可以使自己掌握办公室政治中进可攻、退可守的生存之道，看似平淡，实则高深。用平和的心态来看待世间的一切，修炼到此种境界，做事便能善始善终，既可以在取得好成绩时保持谦虚、不骄不狂，在失败时也能安贫乐道、不过分苛求自己。

俗话说："稻田里最趾高气扬的麦穗其实是最干瘪的。"取得了一点成绩恨不得让所有人都知道，言谈中总是不忘说一说自己的成就，这反而显得肤浅。有这样一则寓言故事：

两只大雁与一只青蛙成了朋友。秋天来了，大雁要飞回南方，三个朋友舍不得分开。大雁对青蛙说："要是你也能飞上天多好呀，我们就可以经常在一起了。"

青蛙灵光一闪，它让两只大雁左右衔住一根树枝，自己用嘴衔住树枝中间，三个朋友一起飞上了天。地上的青蛙们看到这一幕，都羡慕地拍手叫绝。

这时，突然一只青蛙问："是谁这么聪明？想了这么好的一个方法。"飞在空中的青蛙听到了，生怕错过了表现自己的机会，于是大声说："这是我想出来的……"可是，话还没说完，它便从空中掉下来了。

故事中的青蛙之所以会从空中掉下来，就是因为太拿自己当回事了。坦诚而平淡地对待工作，总觉得人们都会认为自己是卑微、怯懦和无能的。如果觉得自己是珍珠，就会时常担心自己被埋没。这种心理会妨碍你充分发挥自己的潜力，无法取得更有价值的成就。与同事相处，就要学会低调，不要把自己过去的成就太当回事。应该学会向前看，而不是陶醉在过去。那么，怎样做才能成为一个低调的人呢？

1. 放低姿态好办事

冯雪峰曾说过这样一句话："我们不要把眼睛生在头顶上，致使用了自己的脚踏坏了我们想得之于天上的东西。"任何时候，我们都要保持低姿态。做人谦卑的人，必将得到人们的尊重。无论在职场、商场，还是政治军事斗争中，低调做人都是一种进可攻、退可守，看似平淡、实则高深的处世谋略。

因此，与同事相处，一定要放低姿态。

2. 心态低调，好处多

一位成功者这样说过："低调做人，你会一次比一次稳健；高调做事，你会一次比一次优秀。"工作中取得了成绩，要对同事表示感谢，要与同事一起分享，如此就能让同事吃下一颗定心丸。恃才傲物，看不起别人，总有一天会独吞恶果！

3. 行为低调，人缘好

过分张扬，就会经受更多的风吹雨打，暴露在外的自然要先腐烂。在职场，不合时宜地过分张扬、卖弄，不管你多么优秀，都难免遭受明枪暗箭的攻击。因此，与同事相处的正确之道是，低调做事，低调工作，放低姿态。

4. 言辞低调，可信任

要想在办公室中心情舒畅地工作，并与领导关系融洽，就要注意你的言行。与人交流的时候，如果你的言语低调可行，上司就会觉得你是一个姿态上低调、工作上踏实的人，就会将重要的工作交给你去做，你的价值就能得到最大的发挥。

不要有太多的金钱往来

职场中，同事间确实要互相帮助、团结友爱，但不要跟同事有太多的金钱往来。

每个月的月底都是玛莎这种月光女神最难挨的痛苦时光。这次偏偏又赶上交房租，囊中羞涩的玛莎只好向同事艾玛求助，第一次开口借钱，艾玛自然不好拒绝，痛快地帮玛莎解了燃眉之急。可是，3000 元也不是一时就能还清的，拮据的玛莎只好一次次厚着脸皮请人家宽限。艾玛回答说："不着急，

图 2 −3

资料来源：东方 IC。

前几天给女儿交学琴费倒是用钱，不过已经想了办法。"

　　玛莎没有听出话外音，没心没肺地连声道谢。过后，"好事者"指出："其实，人家是在暗示你还钱呢。再说了，你满身名牌，会还不起这3000元？谁信？"话里话外都在影射玛莎赖账。

　　玛莎听了，感到心里很不舒服。第二天，玛莎立刻找到同学拆墙补洞，才算暂时把这一层羞给遮住，至于日后是否留下不良影响，她却是想也不敢想了。

　　"同事"是以挣钱和事业为目的走到一起的革命战友，尽管比陌生人多一分温暖，但终究不像朋友那样有着互相帮衬的道义。同事之间的经济关系问题相当重要，一旦处理得不好，则会阻碍个人职业发展，得不偿失，因此最好不要向同事借钱。

　　职场中人最好不要将金钱跟同事挂钩，说到底，凡是跟钱搭上边的，好事也会变成坏事。"金钱是万恶之源。"人容易在金钱中沉落，迷失自己，把钱跟同事挂钩，容易让同事之间反目成仇。即使关系再好，也别提钱，提钱容易伤感情。同事之间，讲究的就是和谐。

小赵和小王在一家公司上班，是很好的朋友。小赵爱买彩票，认准了一组号码，打算来次长久投资，每次只要两三块投注，就当买个希望。

小赵买了一百来期，连个小奖都没中。有点气馁，小赵决定放弃，不买了。恰好今天是小王生日，她说："今天我心情特好，这样吧，小赵，帮我买你跟了一百期都没中的号码。"

小赵听了点点头，答应下午就帮她买。然而，小赵事情很多，一忙就给忘了。也不知是小赵倒霉，还是小王真的很幸运，那组号码真中奖了，奖金扣掉税是十万元。

小王高兴地拿着报纸，让小赵带她去领奖。小赵一脸尴尬地望着她，告诉她忘记买彩票的事情。小王不信，非说是小赵要私吞那十万元奖金。

最后，两人闹上了法庭。法庭判小赵有责任，赔付十万元给小王。小赵有苦说不出，不仅赔钱，还失去了一个十分要好的朋友……

这个故事中的要点很明显，并不是借钱，但却和钱挂上了钩，是一种间接的委托行为。钱让同事甚至好友反目，法庭怒眼相望。职场中，跟同事交往最要不得的就是谈到钱，凡是间接或直接跟钱有关的，还是要慎而重之。

同事借钱，建议还是拒绝为好，理由有以下三个：

（1）有借有还，再借不还。

（2）有借忘还，再借也易。你借他钱，他忘记还你，继续跟你借，这种情况不多见，但也不少见。借小钱他忘了，你没好意思打借条，再借更忘光了。讨吧，容易产生摩擦。

（3）有借有还，再借不断。一旦打开了借钱的口，跟你借钱的人就会越来越多，借的人多了，你也记不住，打借条也不好意思，同事一忙就忘了，你只能吃哑巴亏。因此，除了借钱看病之外，跟同事最好不要有任何金钱上的来往。

俗语说："如果你想破坏友谊，只要借钱给对方就行了！"金钱借来借去一定会发生问题。很多人都有一个坏毛病，向人借来的钱很容易忘掉，借给别人的钱却记得牢牢的。因此，虽然每天都要在身边带些钱，但要尽量避免借钱给别人。一旦借了，最好不要期望他立刻归还。如果是向别人借了钱，千万不要忘记，要及时把钱还上。

职场中，跟同事有直接金钱来往，不是一件好事。金钱能蒙蔽人的心灵，让人走入歧途。跟同事交往，还是纯洁点好！

言必信，行必果

这里有个"千里送鹅毛"的故事：

唐朝时期，云南一少数民族的首领为了表示对唐朝的拥戴，派特使缅伯高向唐太宗贡献天鹅。经过沔阳河时，缅伯高打开笼子，将天鹅放出来，想给它洗个澡。没有了拘束，天鹅立刻展翅飞向高空。缅伯高慌了神，急忙举起手去捉，可是只扯得几根鹅毛。

想到这是贡献给唐太宗的礼物，缅伯高吓得大声哭泣。随从劝他说："天鹅已经飞走了，还是想办法补救吧！"缅伯高停止了哭泣，想了一个办法。

缅伯高见到唐太宗后，双手献上了礼物——一个精致的绸缎小包。唐太宗令人打开，里面放着几根鹅毛和一首小诗：天鹅贡唐朝，山高路途遥。沔阳河失宝，倒地哭号啕。上复圣天子，可饶缅伯高。礼轻情意重，千里送鹅毛。唐太宗感到莫名其妙，缅伯高将路上发生的一切讲了出来。唐太宗赞叹不已："难能可贵！千里送鹅毛，礼轻情意重！"

这就是"千里送鹅毛"的故事，体现了送礼之人的诚信美德。古人尚且讲诚信，我们就更不能言而无信了。

在公司里，无论你是什么岗位，做什么工作，都要与同事相处、打交道。而工作要想取得成功，个人的事业要想获得进展，更离不开同事的理解、信任和支持，更需要与周围的同事坦诚相见、团结协作，形成合心和合力，为自己、为同事营造和谐融洽的氛围，为工作、为事业打造和谐的氛围基础。因此，我们要始终保持一颗"诚信心"，善于与同事沟通交流。

图 2 - 4

资料来源：公司员工拍照。

李海因为有事，请求和同事王凡轮休，王凡答应了李海的请求。哪知道，第二天却下起暴雨来，王凡打着雨伞都没有用，没走出小区门口就已经被雨淋透了。他好不容易坐上车，及时来到公司，却发现李海坐在办公室里。

王凡问李海怎么来了，李海说："今天下暴雨，要做的事情取消了，我正想跟你说呢，不轮休了，你回去吧！"王凡一听就生气了，心想："这算什么事啊？你怎么不早点打电话！我也就不过来了。我把下个休息日的活动都安排好了，还要取消，麻烦！这人还真没谱！"尽管心里这么想，但他并没有说出来，只是想以后少给这个人办事。

其他部门值班的同事看到王凡这么讲信用，都很欣赏他，而对李海的不靠谱行为都很反感。大家在与他合作办事时，都留了一个心眼，即使觉得他不是故意不讲信用，也觉得这个人办事不牢靠。

不可否认，如果让你选择一个人做朋友，肯定会选择王凡，原因就在于他更守信用。在职场中，与同事的关系很重要，轻易失信同事，很容易使同事疏远你。李海就是因为失信于王凡，使王凡对他失去了信任，不愿意再与他多交往，其他同事也因此对他存了防范之心。

《中庸》曾说："唯天下至诚，为能尽其性；能尽其性，则能尽人之性。"说的是，只有天下极端真诚的人才能充分发挥他的本性，才能充分发挥众人的本性，诚信是人与人之间和谐相处的最佳基石。

诚信是个人最大的也是最值得骄傲的资本，是人生中不可替代的财富，没有人可以将诚信置之脑后，诚信是自我完善的根基，也是与人交往的开端和终点，如果没有诚信，人和人就无法和谐相处，人和物就无法达到统一。

为了实现妻子的诺言，曾子杀猪，教导孩子要诚实；为了实行变法，商鞅立木取信，得到了百姓的信任，推行了变法；为了实现自己对楚王的诺言，晋文公退避三舍，最终成了春秋五霸的霸主之一……多少个诚实守信的故事告诉我们，诚信是一个人融入职场而又不与他人发生冲突或矛盾的准则，更是与人和谐相处的最优选择。

翻译家傅雷先生说："个人只要真诚，总能打动别人的。"巴尔扎克说过：遵守诺言就像保卫你的荣誉一样。任何人之间的交往，最重要的就是诚实守信，充满心计欺骗别人的人，是不会有人愿意和他交往的。因此，在职场，应该注意保持这种好的品质。

1. 诚实对待同事，不撒谎

诚实是做人的基本品质，是人们相互信赖和友好交往的基石。每个人都喜欢同诚实正派的同事打交道，与诚实正派的同事交朋友。因为这样，才会有安全感，不必心存疑虑。因而，在与同事的交往中，要以诚相待，说实话，办实事，做老实人。

2. 言行一致，信守承诺

在与同事交往的过程中，要想取得同事的信赖，就要言行一致，信守诺言。对任何同事，在任何情况下，都须做到言必信。对同事，说话应有分寸，不可信口开河，许空头诺。凡是答应的事，不管多困难，不管历尽多少艰辛，都要想方设法完成。若情况变化，实在无法完成，则应根据实际情况，向同事做出必要的解释。

3. 答应了，就要做到

行必果就是为人做事要善始善终，不达目的不罢休。在与同事交往中，要想得到同事的信任，就须做到行必果。这一方面可体现自己的毅力，另一方面可表明对同事的忠实。久而久之，自然就会在同事中树立起良好的信誉，加深与同事的感情。

总而言之，诚实守信就应该做到以上三点，这对于大家的心理健康也有很大帮助。具备良好的品质，有助于同事交往，职场也会顺风顺水。

第三章 商务礼商：与合作伙伴交往也是一项重要工作

用得体的职业穿着，为自己打分

与合作伙伴来往，要注意自己的穿着！

很久以前，有个老总到国外宣传推广自己的企业，听众都是国际著名的投资公司管理人，很正式。可是，听众发现，台上老总的裤脚下棉毛裤边露了出来，黑皮鞋里穿的是白袜子。这样的穿着在商务场合是不礼貌的，也不合规矩！他们对这个老总产生了质疑，他能管好企业吗？

从一定意义上来说，得体的衣着打扮对出席商务活动有着非常重要的作用。约见客户时，如果穿着随便或者邋里邋遢，即使以前已经建立起了良好的客户关系，也可能在客户看到你的一刹那全部变为零。为了让客户对你的印象发生转变，需要在今后的沟通中付出更多的努力；而且，有时不论你多么努力，客户都会受到不良印象的影响而忽视你的努力。

叶明在一家效益不错的大型企业担任总经理，跟德国一家家电企业通过电话沟通了好久，对方合作的意向很明确。为了确定进一步的合作事宜，叶明约对方见面。

为了给对方留下精明强干、时尚新潮的好印象，在与该企业董事长见面的时候，叶明上身穿着 T 恤衫，下身穿着一条牛仔裤，脚上穿着旅游鞋。虽然这身打扮是他为了吸引客户特意安排的，可就是因为这一身打扮，让客户对他及企业失去了信心。

叶明面对的客户是董事长，与这种级别的客户沟通，穿 T 恤和牛仔裤不合规矩，显得不尊重对方。因叶明穿着随便，客户自然就会觉得自己没有受到尊重而放弃合作。所以，在正式场合，一定要穿西装、制服、套装、套裙、工作服等正式服装。

庄重、保守、传统是公务场合对服装款式的基本要求，T 恤和牛仔裤只适合休闲场合，不适合公务场合。当然，所谓得体的衣着打扮，并不是说所有人都要穿名牌，要根据本行业的特点来选择合适的衣着，通常只要做到朴素、整洁、大方、自然即可。

1. 保持穿着的整洁

保持衣服的整洁，并不完全为了自己，更是对他人尊重的一种体现。为了应对商务需要，有些人可能仅准备了两三套供接待的服装，还不高档。其实，只要保持清洁，并熨烫平整，穿起来就能给人以衣冠楚楚、庄重大方的感觉。

2. 着装要与身份、年龄相符

在商务场合，忽略了自己的工作角色而着装不当，很容易让别人对你做出错误的判断，甚至引来误解。因此，一定要穿和自己年龄、身份相符的服装。

3. 注意衣着与场合的协调

无论穿戴多么亮丽，不注意场合，也会被人耻笑。大家都穿便装，你却穿礼服，就不太妥当；在正式场合或参加仪式时，就要着正装。

4. 不同时间，着装不同

这一点，对女士尤其重要。男士出席商务活动时，准备一套质地上乘的深色西装或中山装足矣，而女士的着装则要随一天时间的变化而变换。白天出席活动，可着职业正装；出席晚 5~7 点的鸡尾酒会，要多加一些修饰；出席晚 7 点以后的正式晚宴等，要穿中国传统旗袍或西方晚礼服——长裙。

用合适的语言，将自己介绍给对方

在商务场合，身边难免会有不相识的人，如果没有人为你们介绍，双方通常都会大眼瞪小眼或左顾右盼去排遣寂寞。主动打破冷场，把自己介绍给对方，也是一种友善的行为。

图 3-1

资料来源：东方 IC。

在商务场合，如果想结识某人，可以在不妨碍对方的情况下，主动趋前将自己介绍给对方，这就是所谓的自我介绍。自我介绍一定要在语言上下功夫，用合适的语言把自己推销出去。

1. 巧妙报出自己的姓名

为了使对方听清并记住自己的姓名，可以对"姓"和"名"加以解释，注释得越巧，对方的印象越深刻。概括起来，报姓名共有三种方法：

（1）联想法。

一次，笔者给一位大学同学打电话，电话里传来了奶声奶气的声音："妈妈不在。"笔者知道这是她三岁的女儿，便告诉她："妈妈回来告诉她，辛阿姨来电话了，记住了吗？"

笔者拍拍胸脯："记住了吗？是辛阿姨！"之后，笔者不放心地又问了一句："什么阿姨来电话了？"电话里传来啪啪的声音："辛阿姨！"

一会儿，同学给笔者打来电话，欣喜地问道："你看我姑娘多神，告诉我你给我来电话了。是真的吗？"我知道，是拍胸脯的动作引发了孩子的联想记忆：由心脏联想到笔者的姓氏。

商务活动中，很多人总是苦于别人记不住自己的姓名，其实关键是你的姓名没有吸引力。如果想提高对方的注意力，完全可以使用联想法。

（2）重复法。重复也是个好办法。参加商务活动，两个人见面，要想记住对方，就可以使用重复法。比如，一位说："你好，我叫王刚。"另一位立刻重复："你好，王刚。"如此就既得体，又巧妙地记住了对方的名字。

（3）释义法。如果想给对方留下深刻的印象，可以将自己的名字解释一下，如解释名字的由来。有这样一段自我介绍："我叫王晨阳，我出生时已经连续下了半个多月的雨，生完我，护士打开窗帘，外面阳光普照，妈妈抬腕看看表，正好早7点整，于是为我取名王晨阳。"

2. 把握分寸，自信自谦

著名的戏剧表演家王景愚是这样做自我介绍的：

我就是王景愚，表演《吃鸡》的那个王景愚，愚公移山的愚。

人们说我是多愁善感的戏剧家，实在是愧不敢当，我只不过是一个走火入魔的"哑剧迷"罢了。

我虽然只有40多公斤，却经常负荷许多忧虑与烦恼，又多半是自找的。

我不善于向自己敬爱的人表述敬与爱，却善于向憎恶的人表述憎与恶，然而胆子并不大。

我虽然很执拗，却又常常否定自己。否定自己既痛苦又快乐，我就生活在痛苦与快乐的交织网里，总也冲不出去。

事业上，人家说我是敢于拼搏的强者；在复杂的人际关系面前，我又是一个半点不通的弱者。因此，在生活中，我是交替扮演强者与弱的角色……

这段自我介绍是多么机智巧妙，同时谦虚、诚恳。因此可见，自我介绍不一定要口吐莲花，更应该自信自谦、分寸恰当。

3. 多一些幽默生动

在自我介绍时，语言生动、幽默风趣，不仅能给对方留下更加深刻的印象，还容易获得人们的好感与认同，产生与之接近的愿望。如一个叫聂品的青年是这样介绍自己的："我叫聂品，三只耳朵，三张口，就是没有三个头。"

4. 大方自然不做作

在自我介绍时，内容与表情都要自然大方，千万不要矫揉造作。一定不要把自我介绍变成自我表白，或"自我推销"。在自我介绍时，要努力为对方提供说话的机会，使对方能够呼应自己，不要演成了"独角戏"。

5. 要多照顾对方的感觉

很多时候，在自我介绍后，有些人就开始侃侃而谈，完全不顾对方的感受。其实，正确的方法是，自我介绍以及随后的交谈要表示出耐心与兴趣，尽量多谈一些对方感兴趣的事情。不要把对方当成一名听众，只顾自己侃侃而谈。

6. 要尽量表现出友好态度

在自我介绍中，要表现出友好、自信和善解人意，不要虚伪与媚俗。刚跟人家搭上话，就立即表现出相见恨晚的样子，净给对方戴高帽子；或是立刻发牢骚、诉苦、讲"知心话"，甚至粗话连篇地骂大街，只会丑化自己的形象。

不携带名片，是对别人的不尊重

有人曾说过这样一句话："没有名片的人往往是没有社会地位的人，一个不会使用名片的人是没有交际经验的人。"这里，前半句强调的是，我们要有名片；后半句是提醒我们，要会用名片。

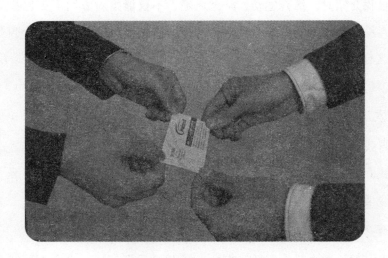

图 3－2

资料来源：公司员工拍照。

乔·吉拉德是吉尼斯世界汽车销售冠军，在他成名前，曾在一家公司做过采购部经理。有一次，他负责采购一批约300万美元的办公设备，决定向S公司购买。

一天，S公司的销售经理打来电话，说要来拜访他。乔·吉拉德想，对方来时就可以在订单上盖章了。可是，对方提前来访，因为对方打听到子公司要更新办公设备，希望子公司需要的各种设备也能向S公司购买。这名销售经理带着一大堆资料，摆满了桌子。

当时，乔·吉拉德有事，便让秘书请对方稍等一下。对方等了一会儿，看到乔·吉拉德没有理自己，便不耐烦地收起资料说："那他先忙吧，我改天再来打扰！"也许，对方认为乔·吉拉德没有决定权吧。

乔·吉拉德突然回来，看到对方在收拾资料准备离去。对方一时不小心，把乔·吉拉德的名片丢在了地上，还一脚踩了上去，然后弯腰捡起，随手就塞到了裤袋里。这种失误等于是亵渎他人尊严，乔·吉拉德一气之下，便向其他厂家购买了办公设备。

案例中，这位销售人员不尊重名片，惹怒了乔·吉拉德，失去了一张大订单。由此可见，不注重名片礼仪，甚至会毁掉一桩生意，进行商务来往，一定要重视名片，并学会恰当使用。

然而，这小小的卡片却往往使人不知所措。面对大人物，该如何索要名片？交换名片时，又该注意些什么？

1. 使用名片要注意"三不准"

使用名片时，尤其是在对外商务交往中，有"三不准"：

（1）名片不能随便进行涂改。名片就是脸面，脸要洗，名片就不能乱画。商务交往中，不要使用涂改过的名片。

（2）名片上不提供私宅电话。给客户提供的名片上，一般都标有办公室电话、总机号码，最好不要提供私宅电话。

（3）不印两个以上的头衔。不同的交往对象，要给不同头衔的名片。到中国来可以给对方中国总公司的名片，到德国去可以给对方德国总公司的名片，只要能找到你即可。

2. 巧妙向对方索要名片

在商务活动中，最好不要主动索取名片，最好是人家给你。如果想搞营销和公关，可以采用下面几种方法来索要名片：①把自己的名片先递给对方。将欲取之，必先予之。②明示法，直接向对方提出来。③谦恭法，对长辈、对有地位的人要用谦恭法。

图 3 – 3

资料来源：东方 IC。

3. 正确地将名片递给对方

把名片递给他人时，要把文字最重要的那部分对着他人，不要倒着给。正规的做法是，拿着两个上角；右手拿着上角，不要用左手给别人，尤其是在对外交往中。把名片给别人时，嘴里要说话，比如，多指教，多联系……

4. 正确接受对方的名片

接受别人名片时，要注意以下三点：

（1）要起身迎接，除非你站不起来，否则不管你在吃饭、看电视或者跟别人交谈、打电话，都要把事情放下站起来接。名片印的是对方的名字，对名片不重视，就是对名片的主人不重视，要起身迎接。

（2）人家把名片给你，要表示谢意。

（3）接受别人名片，要有来有往回敬对方。来而不往非礼也，人家把名片给你是看得起你，拿到对方的名片后，一定要把自己名片及时回赠对方。如果没带，可以跟对方声明一下，下次补上；如果没有名片，要跟对方说名片用完了。

了解规矩，才能掌握商务谈判的主动权

有这样一个故事：

一人和几个朋友吃饭时，聊起了自己出差时遇到的一件事。他说："上个月出差时，经过一个村子，突然一条大狗从远处向我冲过来。你们说，我该怎么办？"

一个朋友说："肯定不能跑，最好是用石头打它！"

这人说："对，我知道，乡下有句俗话叫'狗怕蹲下'。一蹲下，狗就会以为你要捡石头，就会落荒而逃。当时，那条狗向我冲过来，我便蹲下，它转身就离开。我正要继续赶路，旁边过来一位大爷，从地上捡起一块石头，用力扔过去，正好打在狗腿上。狗哀叫一声，跑得飞快。我不明所以，大爷说：'蹲下就要打它，不打，狗就不相信你了，会乱套的！'"

朋友问："怎么回事？"

这人回答说："回来后，我想了想，觉得老人的话很有道理。狗怕人蹲下捡石头打它，是一种长时间形成的条件反射，也是人与狗之间的协议。如果蹲下去没打它，一次，两次……次数多了，它就不再相信了，就会扑过来咬人！"

朋友意味深长地说："表面上看起来，似乎是老人在帮你打狗，其实也是在维护全村人的安全，是在维护一种秩序。"

不守规矩比暴力更可怕！暴力仅会破坏掉表面的东西，而不守规矩却会破坏掉一种秩序，动摇了根基。

谈判双方"各为其主"，难免针锋相对，陷入僵局。如果双方互不相让，各方代表的态度和口气不一致，谈判难免破裂。但是，"谈崩"并不是双方愿意看到的结果，让步又需要"台阶"下，这时就要掌握一定的谈判艺术了。只有像下面这位副手一样，掌握一定的谈判礼仪，占据主动权，才能最终赢得谈判。

李军是公司负责人，为人脾气暴躁，个性很强。一次，为了购买多台设备，李军亲自赴设备制造厂进行谈判。谈判一开始，李军就采取强硬态度，要求在契约上写明他所提出的 34 项要求。不过，李军心里明白，对方不可能全部答应的，但其中的 11 项要求对方必须满足。李军的态度过分强硬，对方也很恼火，谈判充满火药味，终于陷入了僵局。李军没办法，只好气呼呼地离开谈判桌，由副手出任主谈。

很快，副手就与对方达成了协议。令李军没有想到的是，居然有 30 项要求得到了满足。李军问副手是怎么说服对方同意他们的条件的。副手回答说："很简单，我的秘诀就是掌握商务礼仪，占据主动权，让他们无法拒绝！"

所谓商务谈判，就是以解决商务上的争议为内容的谈判。一项重要的商务谈判，对个人、企业、地区、国家乃至全球都可能产生影响。

每个人每天都可能进行各种各样的谈判。比如，家庭妇女清早去菜市场买菜，需要讨价还价；去市场买东西，也需要讨价还价；求职时，也要就薪酬待遇和工作条件进行协商……其实，这些都是谈判。也就是说，只要涉及利益分配、责任分割、争议解决、权力划分等，都需要进行谈判和协商。

图 3-4

资料来源：东方 IC。

谈判的共性就是当事各方通过协商来解决争议。为了成功地进行商务谈判，必须要了解和掌握一些基本的礼仪要求，至少做到如下几点：

1. 按章办事，依法办事

有些人认为，自己已经跟客户认识、了解、关系密切，就有求必应，满口承诺，不好意思拒绝，也不好意思提条件，这些都是感情用事的表现。商务谈判中涉及的所有实质性内容，都要从商业活动的实际出发，该怎么办就怎么办，不能迁就，不能简单从事，更不能图省事而简化手续。

2. 按约办事，信守承诺

遇到重大突发事件，必须更改合约，要事前与对方协商，取得对方的同意，最好有书面材料或文字为据。信誉是商务谈判的核心，也是商务谈判礼仪修养的关键点。无信誉的商务活动只能是"一锤子买卖"，要树立信誉高于一切的观念，宁可赔本，也要坚守信誉。

3. 严格遵守时间

进行商务谈判时，按照事前约定的时间，准时到达谈判地点，千万不能马虎。现实中，很多生意就是由于耽误了几分钟而被别人抢走的。在商务活动中，必须恪守时间观念，什么时间发货，什么时间付款，必须按照合同规定严格遵守，不能以任何理由拖延。

4. 讲文明

在谈判中，一定要保证自己举止文雅，行为文明，语言得体。文明举止，有助于提升商务形象，谈判更容易取得成功。

有家乡镇企业的厂长与外商谈一笔生意，本来生意已经基本谈妥了，但是这位厂长当着外商的面不经意吐了一口痰，外商立即终止谈判。

不要将重点放在吃喝上

曾有人做过一个实验：让三组人分别步行走向十公里外的三个村子。

第一组人，既不知道村子的名字，也不知道路程有多远，只要求跟着向导走。结果，刚走了两三公里，就有人开始叫苦；走到一半时，有人几乎要生气了：为什么要走这么远？何时才能走到？越往后走，情绪越低。

第二组人，知道村子的名字和路段，但没有里程碑，只能凭经验估计行程时间和距离。走到一半时，大多数人都想知道自己走了多远。经验丰富的人说："走了有一半了。"于是，大家又一起向前走。走到全程3/4时，人们便情绪低落，疲惫不堪，路程似乎还很长。这时有人说："快到了！"大家又振作精神加快了步伐。

第三组人，不仅知道村子的名字、路程，公路上每公里还有一块里程碑。大家边走边看里程碑，每缩短一公里便会获得一小阵快乐。他们情绪高涨，很快就到达了目的地。

当人们知道自己究竟要干什么的时候，动机就会得到维持和加强，就会自觉克服一切困难，努力达到目标。

一般情况下，在正式的上午会谈中，往往会安排商务用餐。很多人单纯地认为，既是用餐，无非就是吃吃喝喝，没什么大不了的，只要照顾好客人的感受，让合作商吃好、喝好就可以了。错！商务用餐，既是吃吃喝喝，也不全是吃吃喝喝。

最近，公司正在和一家公司洽谈合作业务，王小军是负责人，公司就将此事全权委托给了他。王小军不负众望，经过多次洽谈商讨，合作方对他们的表现非常满意，可以说是胜利在望。然而，就在大家期待胜利的结果时，对方却表示："再考虑一下！"王小军一下子就傻了眼，怎么会这样呢？王小军反复思索不得其解。其实，原因就出在一次商务用餐上。

一次，王小军和合作方的负责人一起吃饭，为了将对方招待好，王小军选择了最好的餐厅，点了最好的菜，并且照顾到每个人的口味。在用餐时，王小军不断地让菜，一直敬酒。对方负责人多次想开口谈论合作的问题，都被王小军的热情款待给淹没了，人家张了好几次口，愣是没有说出来。最终，大家是吃饱喝足了，事情却没有谈好。合作方的负责人很不满意，觉得白白浪费了时间。

的确如此！商务用餐远远不是一次单纯的就餐，并不是说，吃饭时将每一位客人照顾到就可以了。一定要知道，商务用餐不仅是吃吃喝喝，更是商务洽谈的一种形式。

在商务活动中，所谓的进餐也只是一种形式，而真正进行的依然是商务话题。数据显示，在商务用餐中，人们的话题依然是围绕着商务洽谈，而这一比重甚至超过了50％。

商务用餐也是商务洽谈的一个重要环节，看起来似乎是在吃饭，其实每个细微的环节都可能影响谈判结果。商务用餐在商务洽谈中有着举足轻重的地位，那么在商务用餐中，必须要注意哪些细节呢？

1. 了解商务用餐的分类

商务用餐分成两大类：一类是比较松散的自助餐或者自助餐酒会；另一类是正式的宴会，就是商务宴会。商务宴会通常分中式宴会和西式宴会两种形式。不同的形式，对与会者有不同的要求，因此在参加商务宴会之前，就要把具体的商务宴请种类搞清楚。

2. 应注意的细节

商务用餐，是以商务活动为主，还是以用餐为主？通常，商务用餐时，进餐只是作为一种形式，真正进行的是商务话题。参加自助餐和酒会时应该注意的细节有：

（1）嘉宾或者主办方即席发言时，应尽量停止手中的一切活动。

（2）和他人进行交谈时，应该尽量停止咀嚼食物。

（3）用餐时，要特别注意避免浪费，这是自助餐和酒会独有的特点。

参加商务舞会，就要了解禁忌

如今，不管做什么事都要讲禁忌：

买房有禁忌，比如，要风水好；

喝茶有禁忌，比如，不能喝太浓的茶；

吃西红柿有禁忌，比如，不能跟黄瓜同吃；

旅游拍照有禁忌，比如，不要在塔的下方拍照；

……

同样，参加商务舞会，有些事情也是需要注意的。

在某个商务活动的社交舞会上，很多人都带着自己的太太一起参加。男士 A 看到某公司老总的夫人，就急匆匆地走到夫人面前，微笑着弯下 90 度的腰，双手覆盖在膝盖上，毕恭毕敬地低着头说："我可以请你跳舞吗？"夫人看了看身边的丈夫，停顿片刻说："对不起，我累了……"

之后，男士 B 走了过来，姿态端庄，微笑着，彬彬有礼地走到夫人面前，说："夫人，您好呀！"然后，又转向夫人旁边的丈夫，友好地说："您好，先生，我可以邀请您的夫人共舞吗？"丈夫微笑着看看身边的夫人，说："您请便吧！"然后，男士 B 转向夫人，同时伸出右手，掌心向上，手指向舞池，说："我可以请您跳支舞吗？"夫人欣然同意，步入舞池……

为什么会出现不一样的结局？答案就在于两位先生的表现，A 先生丝毫不懂参加商务舞会的礼仪，夫人自然不愿意和这样一位无礼的人共舞；而 B 先生则恰恰相反。

卡耐基在《人性的弱点》中有这样一段话："舞会营造了其乐融融的社交氛围，能促进人际交往和增进友谊，因此，在舞会上你必须礼数周全。"的确，舞会是一个不错的社交场合，能促进人们之间的交往和增进友谊，很多商务活动都离不开舞会。

在优美的乐曲、美妙的灯光、高雅的舞姿的衬托下，人们不仅可以从容自在地自我放松，还可以联络老朋友，结识新朋友，进一步扩大自己的社交圈。从表面看来，舞会的气氛固然轻松随便，但种种礼仪却不可忽视。

1. 重视个人仪表

舞会是一个十分活跃和正式的场合，在这里，个人的仪表很重要。

（1）仪容。参加商务舞会前，要沐浴。女士可以适当地喷洒香水，但不要喷洒那些气味很浓的香水，并且要注意自己的发型；男士在参加舞会前务必剃须；女士如果穿短袖或无袖装，必须剃去腋毛。另外，务必注意个人口

图 3 – 5

资料来源：东方 IC。

腔卫生，参加舞会前要认真刷牙，不要吃带刺激气味的食物。

（2）服装。参加商务舞会前，一定要注意自己的服装。一般情况下，舞会着装必须干净、整齐、美观、大方。女士最好穿格调高雅的礼服、时装，而男士最好穿西服。在舞会上，通常不允许戴帽子、墨镜，或者穿拖鞋、凉鞋、旅游鞋，也不允许穿外套、军装、工作服等。当然，穿的服装也不要过露、过透、过短、过小，否则会带来很多不便。

2. 了解邀请舞伴的礼仪

通常，男士要邀请女士跳舞。这时候，也需要有一定的礼仪：

（1）男士要主动邀请。在商务舞会上，邀请舞伴更要注重礼仪，得体的邀请方式也会让舞会更加和谐。邀请舞伴时，最好是邀请异性。一般由男士主动邀请女士，不过女士也可以拒绝男士的邀请。女士亦可邀请男士，然而男士却不能拒绝女士。

（2）如何邀请对方。男士邀请舞伴时，应该姿态端庄、彬彬有礼地走到女士面前，微笑点头致意，同时伸出右手，掌心向上，手指向舞池并说："我可以请您跳舞吗？"如果被邀请女士的丈夫或父母在场，要先向他们致意问候，得到他们的同意后方可邀请女士跳舞。舞曲结束后，要把女士送到座位旁或送回其家人身边并致谢。

3. 女士如何拒绝邀请

在拒绝男士邀请时，女士要注意拒绝的方式和礼仪。

（1）如果不愿意与前来邀请的男士跳舞，应当婉言谢绝，若流露出轻视别人的表情，会显得很没有礼貌。因此，要注意拒绝的艺术，不要让对方"下不了台"。一旦拒绝了某个男士的邀请，这曲舞最好不要再接受另一位男士的邀请，以免伤害前者的自尊心。

（2）如果女士已接受某位男士的邀请，对再来邀请者应表示歉意；如果自己愿意同他跳舞，可以告诉他下一支舞曲再与之共舞。

（3）如果已经礼貌地拒绝一位男士的邀请，这位男士再次前来邀请，态度诚恳，并无不礼貌的举止和表现，女士便不应再次拒绝邀请，应与其一起跳舞。

（4）在舞会上，如果两位男士同时邀请自己，最礼貌的做法是，同时礼貌地拒绝两位邀请者，也可以先同其中一位跳舞，并对另一位男士礼貌地说："对不起，下一曲舞与您跳好吗？"既然答应下一曲与他跳，就一定要兑现诺言。

4. 参加商务舞会的其他注意事项

在商务舞会的过程中，要注意以下几点：

（1）如果你是女士，有人向你邀舞，你与男朋友或者丈夫坐在一起，必须先征得他的同意。

（2）对不熟悉的舞步，不要贸然去跳，否则会让自己和舞伴很尴尬。

（3）跳舞时，无论交谈与否，都不要随意晃动你的肩膀，否则会让人觉得你轻佻、不庄重。

（4）在跳舞的过程中，如果对方向你询问一些有关你的事情时，可以坦白地告诉他；如果你不愿意让他知道，可以拒绝回答，但不要欺骗。

（5）舞会中的灯光通常比较暗且朦胧，他人只能看见你的形态。个人坐在角落时，不要做出粗俗的动作，要随时保持优美的仪态。

（6）在舞会上，同性不可以共舞，两位男士不要共舞，两位女士也应该尽量不共舞。

（7）在舞会上，一对舞伴只宜共舞一支曲子。一支舞曲结束后，要交换舞伴，扩大交际面。

（8）在跳舞的过程中，男士要保持绅士风度，要与舞伴默契配合，舞步不要过大，要与舞伴保持一定的距离，左手轻扶舞伴的后腰，右手轻托舞伴的右掌。尤其是在旋转时，男士一定要舞步稳健，动作协调。

注意商务乘车细节，为自己打分

正式商务交际场合中，上下车先后顺序不仅是一种讲究，还是一种文明礼貌的体现，所以必须认真遵守。身在商务场合，如果不了解乘车礼仪，不仅会让自己难堪，还会对公司声誉造成影响。

有一次B公司经理要来，A公司就派一名女职员去接。当一起乘车回来时，女职员竟无所顾忌地与经理肩并肩坐在了司机后面的位置上，大家根本就分不清接的是谁。

案例中，女职员闹了个混淆上下级关系的大笑话。商务交往中，司机旁边的位置，才是职位低的人的座位。

依照国际礼仪的规定，应以司机座位后排右侧为首位，其次是司机后排临窗的座位，最后是后座的中央位置，这是根据入座的先后顺序排列。因为中间座位不仅无法浏览到周围的景物，坐时间长了还容易疲劳。

在乘车时，有很多小细节都是不容忽视的，细数下来，主要有以下几个方面：

1. 上车礼仪

（1）上车时，为领导和客人打开车门的同时，要用自己的左手固定车门，右手护住车门的上沿（左侧下车相反），防止领导或客人碰到头部，确认领导和客人安全进车后轻轻关上车门。

（2）外出办事，如果同去的人较多，对方热情相送，就要主动向对方道谢，先上车等候。送别仪式的中心环节是在双方的主要领导之间进行的，如果所有人都非要等领导上车后再与主人道别上车，就会冲淡双方领导道别的气氛，上车时也会显得混乱无序。

（3）在环境允许的条件下，应当请女士、长辈、上司或嘉宾等先上车。

（4）如果想与女士、长辈、上司或嘉宾在双排座轿车的后排就座，要让后者先从右侧后门上车，在后排右座就座。随后，从车后绕到左侧后门登车，落座于后排左座。

（5）主人亲自开车时，出于对乘客的尊重与照顾，主人可以最后一个上车，最先一个下车。主人应为同车的第一主宾打开轿车的右侧后门，用手挡住车门上沿，防止客人碰到头。客人坐好后再关门，不要夹了客人的手或衣服。

2. 乘车座次礼仪

送上司、客人坐轿车外出办事，要先为上司或客人打开右侧后门，并用手挡住车门上框，同时提醒上司或客人小心，等其坐好后再关门。如果你和上司同坐一辆车，座位就要由上司决定，等到其坐定后，再任意选个空位坐下，但不要坐到后排右座。

3. 不同车型的座次礼仪

（1）小轿车。乘坐小轿车，如果有司机驾驶，要以后排右侧为首位，左侧次之，中间座位再次之，前座右侧殿后，前排中间为末席。

如果由主人亲自驾驶，以驾驶座右侧为首位，后排右侧次之，左侧再次之；后排中间座为末席，前排中间座就不要再安排客人了。

（2）吉普车。无论是主人驾驶，还是司机驾驶，都应以前排右座为尊，后排右侧次之，后排左侧为末席。上车时，后排位低者先上车，前排尊者后上。下车时前排客人先下，后排客人再下车。

（3）旅行车。在接待团体客人时，一般用旅行车接送客人。旅行车上，司机座后第一排即前排为尊，后排依次为小。其座位的尊卑，依每排右侧往左侧递减。

4. 下车礼仪

（1）下车时，司机陪同人员先下车，快速地为领导和宾客开车门，同时一手固定在车门上方，一手护住车门。如果很多人坐一辆车，那么谁方便下车谁就先下车。

（2）陪领导出席重要的欢迎仪式，到达时对方已经做好迎接准备。这时，一定要等领导下车后再下车，否则就有抢镜头之嫌。这种情况，领导如何下车呢？如果是三排以上的商务车，由领导边上的人为其开门，再避到后排，为领导下车让出通道；如果是双排车，欢迎的人群中自然有人为领导开车门。

（3）在人多并且合适的场合，男士先下车，女士、长辈后下车；服务人员先下车，领导后下车。

（4）若无专人负责开启车门，陪同人员应先从左侧后门下车，从车后绕行至右侧后门，协助女士、长辈、上司或嘉宾下车，为之开启车门。

（5）乘坐有折叠椅的三排座轿车时，中间一排加座上就座者要最后登车，最先下车。

（6）乘坐九座三排座轿车时，低位者即男士、晚辈、下级、主人先上车，高位者即女士、长辈、上司、客人后上车。下车时，其顺序则正好相反。

习俗不同，赠送的礼品也要有差异

图 3-6

资料来源：东方IC。

由于习俗不同，曾闹出过这样的矛盾：

看到一位日本女孩英语不太好，住在同一小区的美国女孩便自告奋勇地为其辅导。为了表示感谢，日本女孩每次上课、拜访时都会给美国女孩带份礼物，如一本书、纸刻品、花或糖果，但美国女孩感到很尴尬。

其实，这位日本女孩不知道的是，在美国，人们一般不赠送贵重的礼物，如果想表示感谢，会邀请朋友赴宴或参加娱乐体育活动。而在日本，送礼却是一个优良惯例。不同国家赠送礼品的习俗是不同的,若不了解不同国家的不同习俗,就很容易出问题。

送礼,对于双方当事人来说都是一件令人愉快的事。几千年流传下来的送礼习俗和人们对事理的认识,逐渐形成了一套独特的送礼艺术。因此,掌握一定的送礼原则,在商务交往中就可以减少不必要的麻烦和尴尬。

阿拉伯国家的一个访问团来中国南方某公司进行参观访问。访问结束后,公司为访问团举办了欢送晚宴。

晚宴上,中国公司负责人代表公司向客人赠送了一对特制的瓷瓶,上面印有一对可爱的熊猫图样,并用中文和阿拉伯语书写了"友谊长存"字样。中方本以为这件礼物会博得对方的喜爱,没想到对方代表团的团长却一脸不高兴,晚宴中甚至一言不发。这是怎么回事?

原来,尽管熊猫是我国的国宝,但阿拉伯地区的人们却认为,熊猫长得像猪,而猪是阿拉伯人民讨厌的东西,把两只像"猪"一样的东西送给他们,自然不会高兴。

送礼,有约定俗成的规矩,送给谁、送什么、怎么送都有原则,绝不能瞎送、胡送、滥送。它包括所送礼品的形式、送礼的目的、送礼的场合、送礼的时机和收受礼品的礼仪等一系列内容。细说下来,在赠送礼品时,一定要注意以下几方面:

1. 习俗不同,馈赠不同

礼品是感情的载体,因人因事因地施礼,是社交礼仪的规范之一。任何礼品都表示送礼人特有的心意,或酬谢、或求人、或联络感情等。因此,礼品的选择也应符合这一规范要求,要根据不同受礼者的不同条件区别对待。

(1)不同身份,选择不同礼品。一般说来,如果对方家庭条件不太好,可以送些实惠的;如果对方个人条件较好,可以送些精巧的;送给恋人、爱人、情人等的礼物,要多些纪念性;送给朋友,最好多一些趣味性;送老人礼物，最好多些实用性；对孩子，以启智新颖为佳；对外宾，以特色为佳。

（2）根据对方兴趣，选择礼品。实际上，最好的礼品应该是根据对方兴趣爱好选择的、富有意义、耐人寻味、品质不凡却不显山露水的礼品。因此，选择礼品时要考虑它的思想性、艺术性、趣味性、纪念性等多方面的因素，力求别出心裁，不落俗套。

（3）送礼品，要注意数字。西方人认为，单数是吉利的，有时只送三个梨也不感到受到轻视。中国普遍有"好事成双"的说法，因而凡是大贺大喜之事，所送之礼，都是好双忌单。需要注意的是，广东人非常忌讳"4"这个偶数，因为在广东话中，"4"听起来就像是"死"，不吉利。

（4）要考虑颜色的选择。白色虽然代表着"纯洁无瑕"，但中国人比较忌讳。因为在中国，白色是大悲之色和贫穷之色。同样，黑色也被视为不吉利，是凶灾之色、哀丧之色。而红色则是喜庆、祥和、欢庆的象征，受到人们的普遍喜爱。

（5）送礼品禁忌。不能给老人送钟表，不能给夫妻或情人送梨，因为"送钟"与"送终"，"梨"与"离"谐音，是不吉利的。而且，不能为健康人送药品，不能为异性朋友送贴身用品等。

2. 馈赠礼物的原则

在选择馈赠礼品的过程中，要注意以下几个原则：

（1）投其所好。在馈赠礼品时，一定要根据受礼者的喜好选择礼品。由于民族、生活习惯、生活经历、宗教信仰以及性格、爱好不同，不同的人对同一礼品的态度是不同的，因此要把握投其所好的原则。只有这样，才能让受礼者感到愉悦，达到自己的目的。

（2）礼品轻重。选择礼品时，要根据不同的场合、受礼者的身份选择恰当的礼品。礼品的轻重往往是衡量交往人的诚意和情感浓烈程度的重要标志，礼品过重会给自己带来经济负担；礼品过轻会让受礼者难以接受，还会让受礼者误认为送礼的人看不起他（她），不但达不到馈赠的目的，还容易伤害双方的感情。

（3）要有效用性。礼品也是物品，在日常生活中也有自己的实用性。应针对不同的受礼者，选择效用性不同的礼品。对于生活水平较低的人来说，食品、水果和现金更具有实用性；对于生活水平较高的人来说，更喜欢艺术欣赏价值较高和具有纪念性的物品；对于外宾来说，送有中国特色的礼物是最好的选择，如丝织品、龙井茶、茅台酒等。

第四章　会面礼商：用好的见面礼给对方留下好印象

宁可早去几分钟，也不要让他人等

纳尔逊侯爵曾说："我的成功，很重要的原因是我守时，与人约会时我习惯提早一刻钟到达，准时是国王的礼貌、绅士的职责和商人的习惯。"不管约会是你提出来的还是对方提出来的，要表示对他人的尊重，都要比约会时间提前几分钟到达约会地点，做到这一点，才能表现出你的诚意和礼貌。

2016年，李想毕业后到一家公司做业务员。为了多出成绩，李想工作很努力，每天都马不停蹄地奔波于各客户之间。可是，虽然付出了很多，业绩却不尽如人意。认真思考之后，李想决定向部门业绩第一的老陈学习，因为老陈虽然只有初中学历，但业务做得非常好。

李想知道，人们一般是不愿意将自己的看家本领教授给他人的，更何况两人都是做销售的。为了感动老陈，李想用了很多办法，好不容易跟老陈混熟了。

那天大清早，老陈打来电话说："不用去公司，直接到××单位见一位客户，多会儿能到？"李想看了看手表，说："二十分钟！"说完，李想便急忙洗漱。紧赶慢赶，到达客户公司时已经迟到了五分钟。老陈正在公司楼下的大厅等他。

"你怎么才来?"老陈看到他,紧锁着眉头问。李想一愣,下意识地再看看表:"才迟到五分钟嘛。""与客户见面,一定要记住,宁可早到也不要晚到!"老陈郑重其事地对李想说,李想赶紧点头,但认为老陈有些小题大做。

老陈招呼李想一起上楼,李想小声说:"已经超过约定时间了吧?"老陈哼了一下,说:"我约的是九点一刻!"李想瞟了一眼大厅的时钟,才九点五分。

到了客户的办公室,客户看到老陈,开心地说:"老陈啊,我见过这么多业务员,你是最真诚的,从来都不让我等你!"接下来,一切顺利。

从客户办公室出来,老陈问李想,今天学到了什么?李想说,见识到了老陈谈判时的睿智和机敏,老陈却说:"确保早到很重要,这是你对这个业务的态度。"

李想听了,恍然大悟。

工作中,没有客户愿意多等你一分钟。正如案例中老陈所说的"早到很重要",与客户见面时,不管是出于何种原因,不准时赴约都是一种不礼貌、不尊重别人的表现。

图4-1

资料来源:公司员工拍照。

如果见面是你提出的，即使你准时到达，如果对方已经在等你，对方心里想必也会不太舒服。这样，你的诚意在对方心中就大打折扣。况且，比对方早到，还可以先熟悉一下周围的环境，酝酿一下和对方见面的话题，准备越充分，越能顺利达到约会的目的。

在日本有个十分守时的商人，叫作田中赫本。田中赫本对一家公司的产品产生了兴趣，希望能够与对方接洽，谈成一笔生意。

一天，田中赫本约了对方公司的业务经理。为了在办公室以外的地方做一些交流，有利于生意的进展，田中赫本选择了一家很有名的饭店。

接到田中赫本的邀请函后，对方公司的业务经理也十分高兴。因为能够与田中赫本领导下的大企业合作，对公司发展是十分有利的。想到这单生意是田中赫本先提出来的，为了更好地掌握主控权，业务经理决定晚到一会儿。

这天，田中赫本提前来到相约地点。他四下瞧瞧，空空荡荡，不见对方的身影。田中赫本翘首以待，左等右盼，对方还是迟迟不来，时间一分一秒地过去了，田中赫本不由得惋惜起来，他为空耗时间而惋惜，又为对方"失约"而恼怒，他暗暗打定主意，最多只容忍对方30分钟。

无巧不成书，31分钟后，那个业务经理姗姗而来。虽然田中赫本已看到业务经理前来赴约的身影，但他还是无法容忍对方不守时间的行为，毫不犹豫地招手叫住一辆出租车扬长而去。那个业务经理发现了田中赫本的身影，急忙赶上，但也只能看见远去的出租车扬起的尘土了。

对于不守时的人，他人是无法在商业上与之合作的！遵守时间也是一种商务承诺，如果公司的业务经理都无法做到这一点，公司的信誉恐怕也不会太好。案例中，由于迟到，业务经理失去了一单生意。

约会时提前几分钟到达是个好习惯，不仅能赢得对方的尊重和肯定，也能为你带来意外的收获。特别是商务约会，很多时候你是代表公司赴约，而不是个人，如果你迟到了，那么公司的形象会跟着受损。

现实中，不管是跟恋人约会，还是跟朋友、客户谈事情，都要提前出发，早一点儿到达约定的地方，会让人有被尊重的感觉，你也会因此而受益。

先送对方一个微笑，关系就会走近很多

图 4－2

资料来源：东方 IC。

西班牙作家塞万提斯说："微笑可以打开对方的心房，是世界通用的万用钥匙。"的确如此，微笑的魅力比美貌大三万倍以上。笑容是世界上最佳的沟通手段，也最能体现出个人乐观向上、愉快热情的态度，可以较快地消除彼此间的陌生感，打破与客户交往的障碍，创造友好的交际氛围。为了说明微笑给人带来的影响力，曾经有人做了一个有关微笑的魅力的实验：

工作人员让两个模特戴上没有任何表情的面具，然后问观众最喜欢哪个人，答案几乎一样：一个也不喜欢。因为两个面具都没有表情，他们无从选择。

然后，工作人员让两个人把面具拿开，舞台上出现了两个女孩儿，展现在人们面前的是两张不同的脸，一人把手盘在胸前，愁眉不展；另一人则面带微笑。这时再问每一位观众："现在，你们对哪个人有兴趣？"人们都毫不迟疑地选择面带微笑的女孩儿。

这个实验充分说明了微笑是受欢迎的。微笑能拉近人与人之间的距离，微笑对待他人，就有了良好的开头。不会笑的政治家是不会受到人们欢迎的，同样不会笑的人也难以吸引客户。

《形象大师》一书中曾提到过："微笑永远不会让人感到失望，它只会使你成为一个受欢迎的人。"与客户交往的过程中，不会微笑的人处处感到艰难，走很多没有必要的弯路。原一平就是善于利用微笑来获得成功的典范。

原一平是日本的一位保险推销员，身高1.53米，外表看起来一点优势都没有，在成为推销员的最初七个月里，他一桩业务也没有谈成。为了省钱，只好上班不坐电车，中午不吃饭，晚上睡公园的长凳。但他依旧精神抖擞，每天清晨五点起床徒步上班，一路上不断微笑着与擦肩而过的行人打招呼。

有一位绅士经常看到他这副快乐的样子，深受感染，便签下了生命中第一份保单。这位绅士是一家大酒店的老板，之后还帮他介绍了不少业务，原一平的命运彻底改变。

原一平的微笑总能感染顾客，于是他便成了日本历史上最出色的保险推销员。而他的微笑，也被评为价值百万美元的微笑。

原一平的笑容在给顾客带来欢乐与温暖的同时，也给自己带来巨额的财富和一世英名。原一平的态度，让笔者想起了法国作家福楼拜说的一句话："一阵爽朗的笑，犹如满室黄金一样炫人耳目。"无疑，这个事例就是对这句话的最好解释。从这点来说，微笑就是最好的敲门砖。通过微笑能够轻松与人沟通，更容易接触到客户的心灵，从而取得成功。

真正的微笑，不但可以带来人际的和谐，还能给人带来极大成功。卡耐基曾说："真正的微笑，是一种令人心情温暖的微笑，一种出自内心的微笑，这种微笑才能在市场上卖得好价钱。"高素质的微笑是通向 21 世纪的个人形象护照。如果想在与客户会面时提高自己的吸引力，就要露出你的笑容，像演员和节目主持人那样，并且对自己说"笑一下"。

有些人不会微笑，怎么办？练习啊！不断训练，坚持不懈，用心练习，是笑容成功的唯一秘诀。通常，微笑训练要注意以下几个细节：

1. 微笑要发自内心

练习微笑时，可以拿一支不太粗的笔，用牙齿轻轻横咬住它，对着镜子记住这时面部和嘴部的形状，这个口形就是合适的"微笑"。给学员上课时，笔者经常这样要求他们：职业化微笑一般要求露出上排六颗牙齿，因为那样的笑最自然。最"高级"的微笑应该是发自内心的，不仅要将嘴咧开，用纸挡住鼻子以下的面部时，还要看到眼睛中含着笑。

2. 用笑意传情达意

很多时候，一些复杂的情况、复杂的情绪和难以言说的情感，运用语言表达会显得乏力苍白，力不从心。这时候，微笑就是一种不错的表达方式。此时，如果能将微笑和眼神、表情、气质等结合起来，微笑就更亲切、更动人、更富有感染力。

3. 选择合适的时机微笑

当笑则笑，不该笑时就别笑，这是发挥笑容功能的关键，比如，打破沉默之前，先露出笑容，立刻就能营造良好的氛围。等对方笑后才露出笑容，就为时已晚了。因为，任何一种形象沟通都需要先付出。

4. 掌握微笑的禁忌

虚假造作的微笑只能令人反感，因此必须避免负面形象的笑：假笑、怪笑、冷笑、狞笑、干笑、媚笑和窃笑等。这些笑，既没有美感，也没有任何价值，甚至会让客户感到敌意。一旦客户觉得和你在一起不舒服，合作也就不可能了。

牢记他人的姓名，得体地称呼对方

记住对方的名字，并把它叫出来，等于给了对方一个很巧妙的赞美。有些客户的名字比较难读、不容易记忆，如果你能够记住它，必然会收获不少。卡耐基就非常强调记住别人名字的重要性，他曾经讲过这样一个故事：

一次，锡得·李维拜访了一位名字十分难念的顾客。这位顾客叫尼古得玛斯·帕帕都拉斯，因为名字比较长，人们一般都只叫他"尼古"。

在拜访之前，锡得·李维特别用心地念了几遍他的名字。见面后，锡得·李维直接用全名称呼他："早安，尼古得玛斯·帕帕都拉斯先生！"尼古听了，立刻呆住。几分钟后，尼古眼泪滚下双颊，说："锡得·李维先生，我在这个国家生活十五年了，从来都没有人试着用我的名字来称呼我。"

卡耐基成功的原因何在呢？因为他能够记住朋友和商业人士的名字，而这也是他领导才能的秘密之一，他以能够叫出他许多员工的名字为傲。

卡耐基说："一种既简单又最重要的获取好感的方法，就是牢记别人的姓名。"工作中，我们要与许多客户打交道，尤其是业务员更是如此。善于记住客户的姓名，既是一种礼貌，也是一种感情投资，在与客户交往中会起到意想不到的效果。

当然，你在与客户见面时，仅记住客户的名字还是远远不够的，必须学会得体地称呼对方。

小王在给一家公司经理写信时，由于不知道对方的姓名和年龄，称呼就用"亲爱的某某小姐，你好"。结果他的信件被扔到垃圾箱里，因为对方是一位年近50岁的女士。

商务礼仪中的称呼，是进一步交往的敲门砖。称呼的基本规范是要表现尊敬、亲切和文雅，使双方心灵沟通，感情融洽，缩短彼此之间的距离。通常的称呼有以下几种：

1. 直接称呼对方的性别

与客户交往时，可以约定俗成地按性别的不同分别称呼"小姐"、"女士"或"先生"，"小姐"是称未婚女性，"女士"是称已婚女性。

2. 直接喊出对方的职务

在工作中，以交往对象的职务相称，以示身份有别、敬意有加，这是一种最常见的称呼方法。具体做法上可以仅称呼职务，如"局长"、"经理"、"主任"等；可以在职务前加上姓氏，比如，"沈总经理"、"李市长"、"张主任"等；可以在职务之前加上姓名，这仅适用于极其正式的场合。比如，"×××主席"、"×××县长"、"×××书记"等。

3. 直接说出对方的职称

对于有职称者，尤其是有高级、中级职称者，可以直接以其职称相称。可以只称职称，比如，"教授"、"律师"、"工程师"等；可以在职称前加上姓氏，比如，"张教授"、"王研究员"、"刘工程师"等。当然，有时也可以简化，如将"刘工程师"简化为"刘工"。

4. 直接使用对方的学衔

在工作中，以学衔作为称呼，可以增加被称呼者的权威性，有助于增强现场的学术氛围。可以在学衔前加上姓氏，比如"黄博士"；可以在学衔前加上姓名，比如"张明博士"。

5. 直接说出对方的职业

称呼职业，即直接以被称呼者的职业作为称呼。比如，将教员称为"老师"，将教练员称为"教练"或"指导"，将专业辩护人员称为"律师"，将财务人员称为"会计"，将医生称为"大夫"……一般情况下，在此类称呼前，均可加上姓氏或姓名。

6. 注意事项

除此之外，称呼时还要注意以下两点：

（1）初次见面更要注意称呼。初次与客户见面或谈业务时，要称呼姓加职务，一字一字地说得特别清楚，比如，"王总经理，你说得真对……"如果对方是个副总经理，可删去那个"副"字；但若对方是总经理，就不能为了方便而把"总"字去掉了。

（2）关系越熟越要注意称呼。与客户十分熟悉后，千万不要忽略了对对方的称呼，一定要坚持称呼对方的"姓＋职务（职称）"，尤其是有其他人在场的情况下。每个人都想获得他人的尊重，越是熟人，越要彼此尊重。若因为关系熟了，就变得随随便便，"老王"、"老李"甚至用一声"哎"、"喂"来称呼客户，是非常不礼貌的，对方一般都无法接受。

学会寒暄，做出及时的问候与回应

寒暄也是与客户交往中不可缺少的会话形式，为了表示慰问或友好的态度，在与客户见面时，要使用一些应酬话或见面语，向别人问好。事实证明，与客户见面，恰当地掌握或运用寒暄语言，不仅能够为和谐的人际关系拉开序幕，还可以谱写出动人的篇章。

小艾是销售部文员，平时主要负责一些杂事，如果有客人来，就负责招待。吴莉是公司的一个老客户，只要公司有了新产品，吴莉都会来这里坐坐，一来二去，也就跟小艾熟了。可是，渐渐地小艾觉察到，每逢她向吴莉主动问候时，对方不仅反应不热情，还有少许的勉强。其实，问题就出在小艾的问候语上。每逢见到吴莉，小艾总是这样问候对方："大姐，您最近忙什么呢？"有时，还会在问候语中表示出对对方的关心："大姐，您身体怎么样？"

小艾的这种问候方式实在叫吴莉"承受"不起。

吴莉虽说也是中国人，但自小接受的是西式教育，在年龄上喜少忌老，在个人生活上崇尚尊重隐私权。因此，每当小艾以尊敬、亲近的口吻称其为"大姐"时，在吴莉看来却如同一种嘲讽：你不太年轻了。

"您最近忙什么呢？"这句问候语在中国仅是问候语而已，可吴莉的理解就不同了，她认定：小艾品位不高，热情过度，为什么想管不归她管的事情呢？至于"您身体怎么样"，在中国体现的是挚友之间的真诚关怀，然而在海外却万万不能使用，因为它不吉利。

根据社交礼仪的惯例和规范，要让自己对他人的问候得体而合"礼"，就要注意问候语的选择、问候时的称呼，以及问候时的神态表情等。

在与客户交往中，任何一次拜访都离不开与客户的寒暄。但是，如何寒暄呢？对此，一位名人这样说道："如果寒暄只是打个招呼就了事的话，那与猴子的呼叫声有什么不同呢？事实上，正确的寒暄必须在短短一句话中明显地表露出你对他的关怀。"

寒暄是一种艺术，恰当的寒暄会让客户感到温暖，而不恰当的寒暄会让客户感到虚伪，甚至厌烦。寒暄的最高境界是，让客户觉得和你有话可谈，和你成为朋友，对你充满信任。

客观而论，寒暄并不是公共关系领域的独特课题，具有广泛的社会性和历史遗传性。但是公共关系领域中的寒暄却具有独特的要求，这些要求可概括为以下几点：

1. 掌握分寸，适宜合度

这里所提出的掌握分寸、适宜合度，既有量的要求，也有质的要求。所谓量的要求是指，寒暄语的使用不宜过度，为了不令人扫兴或产生不好印象，也为了不妨碍交往的深入进行，要用三言两语，精练地和对方沟通，绝不能漫无边际。

2. 注重场合，谨慎用语

不管使用任何语言，都要注意"语境"的要求。这里所说的语境主要指语言使用的空间和时间。如果场合比较庄重，寒暄语一定要与环境保持一致，要热情但不失庄重；如果场合比较轻松，就要本着轻松但又不庸俗的原则。

3. 考虑对象，选择措辞

交往对象不同，寒暄的选择也应有差别。在这一点上要具体考虑表4-1中的几种因素。

表4-1　寒暄的选择

对象不同	措辞
年龄的差异	如果你和客户在年龄上有明显差别，在寒暄过程中，对年老者要表示敬重，对年轻者则要表现出热情、谦虚
亲疏的界限	如果你和客户十分熟悉，可以在寒暄时随意轻松一些；反之，如果是初次见面，就应该显得庄重一些
性别的不同	与异性客户交往时，不适合女性的语言一定要避免使用。比如，"你又长胖了"。另外，同女性客户寒暄，不要故作严肃，可以说一些轻松、幽默的话题，但要注意格调高雅，掌握好分寸
文化背景的特殊性	这一点，不仅表现在语音、语调上，还体现在语言使用的习惯和表达的文化内涵上。不同民族、不同国家在寒暄这一语言环节上有着明显的差异。比如，中国人喜欢用关切的语调询问客户的饮食起居、生活状况、工资收入、家庭情况等，但在西方国家这些内容却是交谈的禁区。

得当的介绍，让自己成功"走"出去

介绍是社交活动最常见，也是最重要的礼节之一，是初次见面的陌生双方开始交往的起点。与客户打交道，如果把介绍这个程序去掉，恐怕就会十分麻烦。因此，笔者经常说一句话就是，自我介绍是交际之桥！

图 4 - 3

资料来源：东方 IC。

与客户打交道，介绍是一座桥梁。使用得当，只用几句话，就可以缩短与客户之间的距离，为进一步交往开个好头。

小刘很健谈，口才甚佳，见什么人说什么话。一次，小刘代表公司去拜访一家房地产公司。见到该公司的老总后，小刘大谈起了房地产行业的走向。由于跑题太远，老总不得不把话题收回来，自我介绍也只能"半途而止"。

小刘的失败，就在于口才虽好，但不了解自我介绍的技巧。

自我介绍是交际场合中常用的介绍方式，是打开与客户交往的大门的一把钥匙。在交谈或聚会的场合，如果要和一个不相识的人谈话，先要做自我介绍。

有一次，杨涵去好朋友家里玩，遇到几个朋友的同事也在。朋友正在忙里忙外招呼客人，没顾得上过多地关照杨涵这位"自己人"。

杨涵性格内向，胆怯地坐在客厅一角，她不知道自己该不该跟那些陌生人寒暄几句，更不知道自己应该如何启齿。这时候，一位温文尔雅的先生走了过来，主动跟她打招呼："小姐您好！我叫金东阳。请问您怎么称呼？"缺乏准备的杨涵慌了神，慌乱地随口应道："叫我小杨好了。"

其实，杨涵打心里感谢那位不熟悉的金先生过来跟她打招呼，使她不至于"孤立无援"，而且她也很想大大方方地同金先生多聊上几句。然而意想不到的是，杨涵那句"叫我小杨好了"让金先生的热情顿减，立刻扭头折了回去。

杨涵不知道，自己的那句自我介绍，用于熟人之间可以缩短彼此间的距离，而用于初次交往对象，明显带有不愿进一步深谈、拒人千里之外的意思。在金先生听来，"话外音"就是：我不想告诉你本小姐的芳名，人家自然就会"知难而退"。

做自我介绍也包含一定的学问，如果不会做介绍或者做不好介绍，可能会妨碍自己的人际交往，而且有可能令人误解你的本意。具体来说，自我介绍时，一定要注意以下问题：

1. 掌握自我介绍的语言艺术

在做自我介绍时，也要掌握一定的语言艺术：

（1）镇定而充满自信清晰地报出自己的姓名，要学会使用体态语言，表达自己的友善、关怀、诚意和愿望，这是自信的体现。

（2）根据不同的交往目的，使用繁简不同的语言。

（3）自我评价要掌握分寸。一般不要使用"很"、"第一"等表示极端赞颂的词，也不用有意贬低，关键在于分寸的掌握。

2. 介绍人不同，使用不同的方式

根据介绍人的不同，可以分为主动型自我介绍和被动型自我介绍两种类型。

（1）在与客户交往的过程中，如果想认识某个人或某人无人引见，就可以自己充当自己的介绍人，将自己介绍给对方。这种自我介绍叫作主动型自我介绍。

（2）应其他人的要求，将自己某些方面的具体情况进行一番自我介绍。这种自我介绍叫作被动型自我介绍。

在实践中使用哪种自我介绍方式，要依具体环境和条件而定。

3. 把握自我介绍的时机

在商务场合，遇到下列情况时，就有必要进行自我介绍了：

（1）与不相识者同处一室。

（2）不相识者对自己很有兴趣。

（3）他人请求做自我介绍。

（4）在聚会上与身边的陌生人共处。

（5）打算介入陌生人组成的交际圈。

（6）求助对象对自己不甚了解，或一无所知。

（7）前往陌生单位，进行业务联系。

（8）在旅途中与他人不期而遇而又有必要与人接触。

（9）初次登门拜访不相识的人。

（10）遇到秘书挡驾，或是请不相识者转告。

4. 掌握好自我介绍的分寸

想要将自我介绍做得恰到好处、不失分寸，就必须重视以下几个方面：

（1）把握好时间。自我介绍，一定要力求简洁，尽可能地节省时间。通常以半分钟左右为佳，如无特殊情况最好不要长于 1 分钟。为了提高效率，在做自我介绍时，可以利用名片、介绍信等资料加以辅助。自我介绍应在适当的时间进行。进行自我介绍，最好选择在对方有兴趣、有空闲、情绪好、干扰少、有要求时。如果对方兴趣不高、工作很忙、干扰较大、心情不好、没有要求、休息用餐或正忙于其他交际之时，就不太适合做自我介绍。

（2）多留意自己的态度。要保持自然、友善、亲切、随和，整体上讲求落落大方，笑容可掬。要充满信心和勇气，不要妄自菲薄、心怀怯意；要敢于正视对方的双眼，显得胸有成竹，从容不迫。语气要自然，语速要正常，语言要清晰。生硬冷漠的语气、过快过慢的语速、含糊不清的语音，都会严重影响个人的形象。进行自我介绍时所表达的各项内容，一定要实事求是，真实可信。过分谦虚，一味贬低自己，或者自吹自擂，夸大其词，都是不足取的。

把握身体距离，拿捏好最佳的社交距离

相信很多人都听说过这样一个故事：

寒冷的冬天，一群刺猬被冻得瑟瑟发抖，为了取暖，它们紧紧地挤在一起。可是，由于它们身上长满了刺，纷纷被对方刺痛，于是四散分开。

天寒地冻，寒冷使它们很快又聚集在了一起，但是当它们彼此靠近时，又重复了上一次的痛苦。这些刺猬不断地分了又聚，聚了又分，徘徊在寒冷和被刺痛两种痛苦之间。后来，它们终于找到了一个合适的距离，既可以互相取暖，又不会刺伤对方。

这个故事引申出来的就是人际交往的"刺猬理论"。每个人都像一只刺猬，彼此之间的交往也应该保持一定的距离，即"身体距离"和"心理距离"。"身体距离"即"私人空间"，"心理距离"即"孤独感"。

所谓"私人空间"，是指环绕在人体四周的一个抽象范围，虽然无法用肉眼看清它的界限，但它确确实实存在，且不容他人侵犯。在拥挤的车厢或电梯内，你总会在意他人与自己的距离。当别人过于接近你时，你就会通过调整自己的位置来逃避这种不快的接近。一位心理学家做过这样一个实验：

阅览室刚刚开门，里面只有一位读者，心理学家走进去，拿把椅子坐在

他旁边。这样的过程，进行了整整 80 次，结果证明，如果阅览室里只有两位读者，任何一个被试者都无法忍受陌生人紧挨自己坐下。当心理学家坐在他们身边时，被试者都会在最短的时间里默默离开，有人则干脆明确表示："你想干什么？"

这个实验说明，不管走到哪里，私人空间的意识都是存在的。同样，在与客户交往的过程中，也需要保持一定的距离，可最佳距离是多少呢？

保持最佳距离最先取决于交往的对象。美国人类学家爱德华·霍尔在《无声的语言》中，制订了人际心理距离和空间距离相对应的尺度，用表 4 - 2 的四个区域来表示：

表 4 - 2　心理距离和空间距离的四个阶段

区域	说明
亲密区	距离在 0 ~ 46 厘米。这个区域是家庭成员、莫逆之交等最亲密人之间的。在这个区域内，两个人可以互相接触，能嗅到各自身上发出的气味，说话一般轻声细语。这个距离尤其适用对肌体的抚慰。两人一旦处于亲密区的距离，就会排斥第三者的加入
熟人区	又分两个层次：一是 46 ~ 60 厘米，这是私人的空间距离。夫妻或情侣之间可以在这个距离中自由来往，如果其他女人试图和一个男人保持这样的距离，男人的妻子或女朋友必定会义愤填膺。二是 60 ~ 120 厘米，老同学、老同事、关系融洽的隔壁邻居之间的距离就属于这个距离
社交区	距离 120 ~ 360 厘米。分两个层次：一是 120 ~ 210 厘米，比如，在办公室里，同事总是保持这个距离，进行一般性交谈，分享与个人无关的信息。二是 210 ~ 360 厘米，如正式会谈时，人们一般都会保持这样的距离。进入这个区域的人一般都互相认识，但不熟悉，交谈内容多半是事务性的，不含感情成分
公共区	距离在 360 厘米以上，完全超出了可与他人进行深入交流的范围。演讲者与听众之间和非正式的场合都保持这个距离

当然，还需要说明的是：

首先，每个人之间的最佳距离也不是一成不变的。正如爱德华·霍尔教授所说，个人空间像一个"气泡"，它紧紧跟随着个人，在不同的环境下会扩大或缩小。假设在高峰时的公共汽车里，一个人坐在双人座上，即使身体几乎与另一个人相触，他也不会走开。如果这种情况发生在公园、阅览室等地方，他早就自觉地起身离开了，由此可见，个人空间是会变动的。在拥挤的公共汽车里，个人空间就会缩小到最低点。

其次，最佳距离与交往者的文化背景有关。比如，与美国人交谈，距离就不能小于 60 厘米，否则他会觉得你不友好；与阿拉伯人交谈，就要小于 60 厘米，否则他也会觉得你不友好。

最后，心理学家发现了如下的规律：人们离他喜欢的人比离他讨厌的人更近些，要好的人比一般熟人靠得更近些；同样亲密关系的情况下，性格内向的人比性格外向的人与人保持的距离较远些；两个女人谈话总比两个男人谈话挨得更近些，异性谈话比同性相距远一点儿……知道了最佳距离，并合理运用，就会收到意想不到的效果。

迎人三步，更要身送七步

在中国的商务应酬中，许多知名企业家都深知"身送七步"的重要性，也格外注意送别的礼节，中国商业巨人李嘉诚就是一个绝佳的典范。

一天，一位内地企业家到办公室拜访李嘉诚，李嘉诚热情地接见了他。会谈结束之后，李嘉诚起身从办公室陪他出来，送他到电梯口。更让这位企业家惊叹的是，李嘉诚不是送到即走，而是一直等到电梯上来，等他走进电梯后举手告别，直至电梯门合上。

身为亚洲首富的李嘉诚日理万机，可他依旧注重礼节，严格遵循"身送七步"的礼仪，亲自送客，没有一丝一毫的怠慢之举。

"身送七步"是商业巨人李嘉诚都不忘的待客礼仪，我们更要铭记在心，以实际行动给人贴心之感，才能拉近和对方的心理距离，增进双方感情。

俗话说："出迎三步，身送七步。"在与客户来往的过程中，许多人对迎接礼仪往往很重视，办得热烈隆重，但忽视了送别礼，给人一种"人一走茶就凉"的感觉，引起对方反感。那么，除了"身送七步"外，送客时还需要注意些什么呢？

1. 让客人先起身

当客人提出告辞时，要等客人起身后再站起来相送。没等对方起身，自己先起立相送，会给客人一种被驱赶的感觉。同时，还不能嘴里说再见，手中却忙着自己的事，甚至连眼神也不转到客人身上。

2. 送客也不失热忱

当客人起身告辞时，应马上站起来，主动为客人取下衣帽，帮他穿上，与客人握手告别；同时，要选择最合适的言辞送别，如"希望下次再来"等礼貌用语。每次见面结束，都要用再次见面的心情来恭送对方回去，对初次来访的客人更要热情、周到、细致。

3. 代客提重物

如果客户提着较多或较重的物品，送客时应帮客户代提重物。与客户在门口、电梯口或汽车旁告别时，要与客户握手，目送客户上车或离开；要以恭敬真诚的态度，笑容可掬地送客，不要急于返回，应鞠躬并挥手致意，待客户移出视线后，才可结束告别仪式。否则，客户走完一段再回头致意时，发现主人已经不在，心里会很不是滋味。

4. 晚一步关门

很多人将客户送出门外，不等其走远，就"砰"地一声将门关上，这样会给人以类似"闭门羹"的恶劣感觉，很有可能因此"砰"掉对方来访期间培养起来的所有情感。因此，在送客返身进屋时，应将房门轻轻关上，不要使其发出声响，最好等客户远离后再轻声关上门。

第五章 交谈礼商：只有合乎礼仪的语言才能为自己加分

不要胆小怯懦，说话大大方方

"说话"是人类的本能，为了把话说得恰当、讲得合理，要多培养说话的技巧与方式、了解说话的时机，最终达到良好沟通的目的。反之，不仅达不到沟通效果，还可能让人讨厌。

俗语说："一言兴邦，一言丧邦。"在现实中，许多人都不善于交谈，甚至有些人对说话感到莫名恐惧，每当需要他们开口交谈时，总是张不开口，做不到大大方方与他人交谈。

赵菲菲今年刚毕业，找到了一个很不错的工作单位，可是，工作不到半年，她却一直郁郁寡欢，因为她不敢与领导和同事讲话，当别人侃侃而谈时，她只能在旁边看着，参与不进去。因为这个，她经常跟自己生气，变得十分压抑。

赵菲菲个性腼腆，从小被家人保护得很好，很少跟陌生人接触，更不要说和陌生人说话。她每次和别人说话的声音都很小，假如别人没听清她就会脸红，显得手足无措，十分不安。在学校时，赵菲菲没觉得这样不好。尽管她不是特别热情的人，也可以交到朋友。但是现在到了工作单位，不知道什么原因，每天一上班，看到同事就觉得有些胆怯。

赵菲菲说："我一直都不敢主动和同事们交往，就是害怕他们发现我的不自在。我是非常希望可以和同事搞好关系的，可是有时候觉得十分别扭。为了不让自己与大家的关系变得更差，我只好强忍着自己这种复杂的情绪。"

你是否也有像赵菲菲一样的困惑呢？其实，越胆怯、越腼腆就越不敢抛头露面，越大胆、越无畏越会无往不胜。与其畏畏缩缩地想要接近别人，倒不如大大方方地对别人表现出友好。

害怕当众讲话，很正常，没有谁不经过任何训练就可以上台侃侃而谈。甚至毫不夸张地说，每个人都在说话前后、说话过程中出现紧张、恐惧这样的心理，就算是演说专家、最佳辩手也不例外。

其实，恐惧是自己给自己的，只要勇敢面对，就能克服。如若不了解这一点，恐惧势必会出现在人与人的交往中。

钱珊是个聪明美丽的女孩，工作也很稳定，周围追求她的男孩子很多，但是没有一个能真正与她长久相处。原来，钱珊有一个小毛病——一说话就不由得脸红，然后捂嘴。钱珊的前男友说："最开始朋友、同事聚会我都会带她一起去，可她每次一说话就脸红、捂嘴，弄得大家都看她，带不出去。其实女朋友不用多么漂亮，口才也不用多么好，大大方方的就行。"

人们常说"言为心声"。在人际交往中，谈话就是人和人之间交流感情、增加了解的重要手段之一，"听其言，观其行"也是人们常常挂在嘴边的话。除了语言障碍者之外，所有人每天都会讲话，只不过，有些人说话让人感觉"听君一席话，胜读十年书"，另一些人说话则是废话连篇、字字无趣。

羞怯，在汉语言中不是个贬义词，是形容一个人矜持的词语。但是在现在的社会，过分羞怯就不会受到欢迎了。那如何才能克服羞怯的心理呢？下面有几点建议：

1. 想象自己是完美的化身

这是一个心理暗示的方法，就是当你面对大客户或者要做提案前，先静坐，心中默默对自己说"我是可以的，我做的方案很完美"，或者想一些愉悦感受。当你踏进那间谈判或提案的屋子前，你要想"这间屋子是我的，一切都在我的掌握之中"。然后，以拥有者的姿态走进屋子，昂首阔步，抬头挺胸。

2. 大胆表现自我

人际交往中最忌讳羞怯。假如把自信心比作肌肉，就需要持之以恒地锻炼，如若有所懈怠，便会松弛下来。改善外表，买一套新衣服，去理发店换个新发型，这些方法都会使你有焕然一新的感觉，帮助你增强自信。

3. 进行想象练习

在正式场合，为了使自己可以更好地与人交往，可以通过想象模拟练习的方式克服羞怯。比如，当你要参加一个商业聚会时，想象自己正处在最羞怯的场合，然后设想一下你会遇见什么问题，你该如何应付。在脑海里多演练几遍，当你再遇见问题时，就会稍微得心应手一些，有助于临场表现。

4. 减少恐惧和害怕

人际交往只是一种行为模式，有什么可怕？假如一到正式场合你就会发抖、心慌，就要先知道让自己害怕的根源是什么。出现害怕的情绪时，要提前做好准备，也可以通过一些方法让自己放松下来。

5. 说话时语气要坚定

没有自信的人往往有两种表现，一是说话过于急促，二是说话细声细气。如何让说话显得信心十足？很简单，只要音量适中、语调平稳、语速不快不慢即可。

6. 专心倾听别人讲话

专心倾听别人讲话，不仅是为了尊重别人，更可以缓解自己的紧张情绪。在你发言之前，先认真听听别人如何讲。注意力转移了，就不会一心只顾着紧张了。

其实，如何说话、说好话，也是一门需要学习提升的艺术，对于初入职场的人士来说，更需要一种看得见、摸得着、能模仿、能练习，循序渐进的具体方法。这需要我们每一位职场人士不断去学习、实践，探索出真正适合自己的说话方式与沟通技巧。笔者的培训课程中有一门课程叫"说好话的技巧"，专门对此进行详细讲解，并提供一系列行之有效的方法进行训练。

客气话可以说，但要适可而止

中国人都非常客气，似乎不客气就显得自己不礼貌。其实，即使是说客气话，也是需要掌握度的。任何事情，一旦过了度，就会适得其反。

一位朋友曾告诉我这样一件事情：

堂哥结婚时，我和妹妹去送亲，可是自从那次以后，妹妹就不想再去堂哥家了。我问她，为什么不想去？她反问我："你不也不常去。二姐，你难道不觉得堂哥太客气了吗？"

我摸着妹妹的头笑，真不愧是姐妹，简直心有灵犀一点通，想一块去了。堂哥是那种很会来事的人，做什么都很客气，正是这股客气劲儿让我和妹妹不想登他家的门。

其实，笔者十分理解朋友和她妹妹的心情。有时候，过分客气会让人产生一种距离感。试想，你刚进门，妈妈就立刻从冰箱里拿出几样水果，不停地劝着你吃，你不想吃非要让你吃；如若是自家人，必然是爱怎么着就怎么着，懒得理你。不用这么客套，随意一点，才是亲密无间的一家人！

所以说，对客人太热情客气，有时候并不是一件好事，反而显得自己与对方存在着距离；倒不如，适当客气，适当随意，反而会让人觉得更加舒服自在。

李梅是笔者的好友，笔者经常去她家，她家像是有一种神奇的魔力吸引着笔者。很多人都说，去她家有一种宾至如归的亲切感。其实，哪有那么玄乎，只是因为她懂得适可而止，对客人保持适度的热情和客气。

有一次笔者去找李梅，才要进门，她就白了我一眼："换鞋，别弄脏我的地板，要不跟你没完！"进了门，她就躺在沙发上："吃的在冰箱里，你自己去拿，别指望我会给你倒茶。"吃饭时，她居然没有一点主人的风范，和我抢一块鱼肚腩，毫不礼让。结果，谁也夹不着，只能用石头剪刀布的方式，看谁运气好。

李梅招待客人这么"放肆"，笔者却非常喜欢到她家去，因为没有生疏客气感，非常自在，感觉就像在家里与自己的妹妹抢好吃的一样有趣。

每个人都不喜欢与过分客气的人打交道。虽然说，在人际交往中，客气是无法避免的，可是，过度的客气就是为难自己也为难别人了。因为它使你无底线地放低自己的身价，不仅不会使对方感觉愉悦，反而会引起对方的厌恶。

说话恭敬客气，是一种传统美德。可是，如果没有原则、底线地恭敬，过度地对人客气，那就不大好了。到朋友家里串门，朋友对你过分客气，你说什么她都"是是是"。你必定会觉得不舒服，想尽快离开这里。过度的客气会让人觉得痛苦。己所不欲，勿施于人，这句话要谨记！

1. 说客气话要真诚

即使是说客气话，也要充满真诚，"出自肺腑的语言才能触动别人的心弦"，做人要真诚，你真诚地对待别人，别人才会真诚地对待你。如若像背熟课文一样照本宣科地说客气话，最易让人心生厌恶。说话时，要看着对方，让对方感觉到你的态度、你的真诚；要保持身体平稳，不可过度地打躬作揖。

2. 说客气话要适度

从古至今，中国都是一个讲究文明礼仪的大国。客气是深入骨髓的习惯，是不可避免的。既然避免不了，那就要控制好度，适度的客气可以得到很好的效果。

客气话是为了表示恭敬或感激，不是为了敷衍朋友。因此，要适可而止。客气话用得多了就容易变得浮夸，显得虚伪。比如，别人帮你递一杯茶，你说一句"谢谢"就够了。在特殊的情形下，顶多说一声"对不起，麻烦你了"。如果有人说："谢谢你，真对不起，我不应该麻烦你，这使我觉得特别难过，实在太感激了……"听着就让人觉得非常不舒服。

求同存异，不要随便与人争辩

在生活中，我经常会遇到与别人看法和意见不一致的情况。这时，为了说服对方，很多人都会与对方争辩。其实，争辩根本无益于事情的解决。

图 5 - 1

资料来源：东方 IC。

在争辩的过程中，你必然会想办法证明自己是对的，别人是错的。可是，任何人都不愿意听别人对自己进行评价和指正，即使你说的对，他也未必能听进去；而且，争论中双方都将对方看作"敌人"，根本不会把对方的意见放在眼里，定然会伤害彼此的情感，引发不必要的误解。因此，最好的方法是求同存异，不要随便与他人进行争辩。

美国耶鲁大学的两位教授曾花费 7 年时间做过一个实验，对种种争论实态进行了调查，比如，店员之间的争执、夫妻之间的吵架、售货员与顾客之间的斗嘴等。结果发现，凡是攻击对方的人，都无法在争论方面获胜！

与对方谈话时，对方通常并不准备请你说教；如果自作聪明，讲述自己的，对方绝不会接受。总是表示不同意见，很容易得罪身边人，因此最好不要轻易表示出不同意见。

交谈时，人与人难免会产生矛盾，从而引发争论。争论意味着时间和精力的浪费，所以，我们应该尽量避免争论，尤其是一些没必要的争论。为了争论而争论，很容易造成敌对心理，使争执双方变成敌对双方，因为一些小事失去朋友，就得不偿失了。

有一次，孙舞参加同学婚礼。这两个同学从上学时就谈恋爱，到领证结婚，十几年一直在一起，司仪用"青梅竹马"这个成语来形容新郎与新娘的关系。之后还念了李白的一首诗："郎骑竹马来，绕床弄青梅。"但是，司仪记住了诗句却记错了笔者，认为这首诗是宋代女词人李清照所写的。

孙舞年轻气盛，中国文学又是他的专业。为了显示自己知道的多，便毫不客气地当着众人的面，纠正司仪的错误。然而不说还好，孙舞这样一说，司仪面子上挂不住，反倒更加坚持自己的意见了。

就在彼此争论不休时，孙舞看见他的老师坐在隔壁桌。这位老师是一位德高望重的长者，孙舞请老师当裁判。老师一直都在听他们争辩，当孙舞向他求助时，桌下，他用脚轻踢了孙舞一下，态度庄重地说："你错了，司仪说的对！"

宴席散了之后，老师找到孙舞，并对他说："那首诗的确是李白的《长干行》，一点也没错。"老师看着孙舞纳闷的表情，接着说："你说的都对，可我们是客人，这是人家的婚礼，你何必在这种场合给人难堪？司仪并不是要征求你的意见，仅是发表自己的看法，对错与你无关，何必做这些无谓的争论？"

的确像老师说的那样，在社交过程中，不分场合的争辩对双方都没有什么好处。每个人都是独立的个体，遇到与自己观点不同的人是非常正常的。这些不同都可能转化为人与人之间的争执。本杰明·富兰克林说："如果你争强好胜，喜欢与人争执，以反驳他人为乐趣，或许能赢得一时的胜利，但这种胜利毫无意义和价值，因为你永远得不到对方的好感。"

在我们周围，争论几乎无处不在：一场电影、一部电视剧、一则新闻、某个热点问题，甚至连明星的恋爱情况都能引起争论。并不是说要避免争论，在辩论会上，凡是涉及做人底线时，个人必须要为自己的主张去争论。但是在一般的交谈场合中，应该避免与别人争论。

交谈的主要目的是增进友谊，促进彼此的了解，一旦争论起来，就容易伤人伤己，这就违背了交谈的本意。美国著名的成功学大师戴尔·卡耐基说过："争论的结果，十有八九会使对方比以前更相信自己绝对正确。你赢不了争论。要是输了，当然你就输了；如果赢了，也是输了。因此，最好的方法就是避免争论。"那么，怎样才可以有效地避免争辩呢？

1. 平息干戈

在彼此激烈的争辩中，占理的一方假如觉得对方不可能消除歧见，就可以采取其他方式，比如，用一种稍微带有些警示性的语言中止争论，给对方两个选择，让对方自己去抉择，就能平息了。

2. 化解窘迫

正常情况下，争辩中具有优势的一方一定不要将话说得过死过硬。过犹不及，就算对方不对，也可以用双关语让对方认错道歉，从而最合理地结束这段无谓的争论。反之，不分情况，一味争辩，只会有害无益。

3. 搭个台阶

生活中，我们经常看到一些人特别固执，经常为了一些小事与别人争论不休，火药味十足。有理的一方要多一些包容，要使用一些温和不刺激的语言，给对方一个台阶，避免扩大冲突。

4. 平息怒火

人与人之间会争吵，最根本的原因还是沟通不畅，导致互不了解。争吵时，得理的那一方切忌得理不饶人，要尽量多沟通，道歉、劝慰，与对方达成共识。

总的来说，在与人不得不或者是已经发生争论的情况下，应该避免言辞犀利得理不饶人，而是要巧妙用语，和平解决争端，达到互相理解的"双赢"境界。

管住嘴，不要想到什么就说什么

美国成功学大师卡耐基曾说："事业的成功85%取决于个人的交际能力，而口才则是衡量个人交际能力的重要标准之一。"个人交际能力的高低，其实最主要表现在说话的水平上。言语表达心声，唇枪舌剑便是心理战，运用合适的语言可以得到世界上最复杂的东西——人心。可见，口才在人际交往中多么重要。具有好口才，在社交中便可以游刃有余。

李云在高一时和高三的男孩谈恋爱，随着感情的升温，少男少女没忍住偷尝了禁果，青春懵懂的李云不懂得保护自己，意外怀孕，不得不去做了人流。手术之后，李云像是变了个人，性格也不像以前一样活泼了，总是郁郁寡欢。李云换了一个学校，读完高中，考上了一所还算不错的大学。

丰富多彩的大学生活使李云慢慢走出了初恋的阴霾，很快她有了新的感情。男朋友是学生会的骨干，优秀潇洒的他是很多女生心目中的白马王子，但他唯独对李云情有独钟，这让李云感动不已。

在一次聚会中，同学们都喝多了。李云借着酒劲向自己的舍友李美美说出了自己心中深藏的秘密。哪知，李美美一直暗恋着李云的男朋友。当她知道这个消息后，便立刻告诉了李云的男朋友。男朋友无法接受李云的过去，提出分手。

李云的经历，告诉大家一个道理：话到嘴边要三思，不是什么话都可以往外说的。作为一个成年人，什么话可以说，什么话不能说，要自己掂量清楚。动嘴之前先动脑，说错一句话，都可能引火烧身。

图 5 - 2

资料来源：公司员工拍照。

"言多必失"，"祸从口出"，是古人留下来的经验之谈。说话最忌讳的就是不假思索、口无遮拦。说什么、怎么说，什么话能说、什么话不能说，这些都是有讲究的，要动脑子。

中国古语有云"病从口入，祸从口出"，"是非只因多开口，烦恼皆由强出头"。"不得其人而言，谓之失言"。"祸从口出"足以说明，管不住自己的嘴，会给自己带来多少祸患；说话欠考虑，什么话都说，有时候会坏大事。下面的故事就充分说明了这一点：

经理助理周娟是一个说话不过大脑的人，她性格十分内向，平时也不太喜欢和大家交流。偶尔有人因为一些事情需要征求意见时，她经常会突然说出很带"刺"的话，说话总是揭别人的"短儿"。

一次，一位女同事新买了一条裙子，大家都称赞"漂亮"、"合适"，问及周娟，她毫不犹豫地说："一般啊！我觉得你穿这种颜色显得很老，而且你肚子上的肉太多了，看起来有点儿紧。"同事一阵尴尬，称赞周娟衣服非常合适的人也很尴尬。

尽管有时周娟也会为自己说出的话后悔，可下一次，她依旧管不住自己，把别人最不喜欢听的话说出来，让人难以接受。次数多了，同事们便集体把她排除在考虑范围之外，不愿意和她说话，结果最后她自己待不下去，不得不辞职。

说话"太真实"也不是一件好事！

说话是一门艺术，正所谓："一句话能把人说跳，一句话也能把人说笑。"把人说"跳"非常容易，而要把"跳"的人说笑了，那才是真正的语言高手。大部分情况是，人们更容易尊敬说话温和的人，说话温和的人也可以引导对方也用温和的方式说话。

所谓"良言一句三冬暖，恶语伤人六月寒"。其实，许多人并不是故意出口伤人，甚至他们说话的出发点本来是好的，可是因为不注意说话的技巧和他人的感受，经常导致无谓的误解与争端，最后影响了情谊。

言谈的力量非常大，可以迅速把两个不熟悉的人由陌生变为熟悉，再由熟悉变成知己或亲密的朋友；它可以解救危机，打开通往坦途的顺利之门；甚至可以叱咤风云，可以排山倒海、气魄无穷。因此，我们在彼此交谈时，一定要管住自己的嘴。

1. 三思而后言

在与人沟通的过程中，经常会看到这样的情况：因为一句话说得不合适，别人就感到心里不舒服。因此，要避免说让别人不悦的话。为什么会说错话呢？因为在说话之前，没有考虑清楚应该说什么、想说什么。所以，为了避免说错话，最好的方法就是，在说话之前，多想想；想好了之后，再去说，真正做到三思而后行。

2. 失言时立刻致歉

敢于承认错误是非常重要的！很多人都不敢承认自己的错误，一旦发现自己的言语给他人造成了伤害，就要及时向他人道歉。每个人都有说错话的时候，一旦发现自己说错了话，就要及时改正。

3. 挑对说话的时机

说话要讲究时机，就是说，当你想要表达自己的意见时，必须先确定一下，对方是否已经准备好听你说话了。假如对方不愿意听，那你只会浪费力气，对牛弹琴。所以，在说话时，要注意挑选一个合适的时机。

4. 对事不对人

问问自己，你是否有这样的朋友，时不时把你气得半死？有些人因为性格的原因天生就爱抱怨，性格悲观，做事拖拖拉拉，又不敢勇于面对，总给自己找借口。假如朋友的这些行为已经严重影响了你们的友谊，就必须提醒他一下。个人的性格是很难改变的，但是可以试着去改变某些特定、确切的行为。

5. 了解别人的感觉

我们经常提到"换位思考",这是在交谈中经常用到的一种方式。很多时候,假如我们换位思考一下,先试着了解对方的感觉,可能很多争执就不会发生。在说话时多加考虑,就能比较巧妙地说出一些难以启齿的话,而不会说出得罪对方的话。

聊天,要以对方为中心

卡耐基说:"好口才是社交的需要,是事业的需要,是生存的需要。它不仅是一门学问,还是你赢得事业成功、常变常新的资本。"若想要取得事业上的成功,就要先成为一个善于说话的人,使用最让人舒服的方式,把话说到对方的心里去。

《触龙说赵太后》讲述了这样一个故事:

赵太后掌权后,秦国对其展开进攻,赵国只好向齐国求救。可是,齐国虽然答应帮忙,但提出了自己的条件:"必须用长安君作人质!"赵太后不同意,大臣则建议她认真考虑。可是,最后赵太后却明确表示:"谁要是让我用长安君作人质,我一定会朝他吐唾沫!"

大敌当前,为了说服赵太后,左师触龙决定去试试。触龙见到太后,太后并没有给他好脸色。

触龙慢步走向太后,到了跟前,请罪说:"老臣脚有病,已经无法快跑,好久没来谒见了,但担心太后玉体偶有欠安,很想来看看太后。"太后说:"我行动全靠手推车!"

触龙说:"每天的饮食,没有减少吧?"太后说:"我也只是喝点粥罢了。"

触龙说："老臣现在胃口很不好，坚持步行，每天走三四里，可以稍增进点食欲，调剂身体。"太后说："我老婆子可做不到。"说到这里，太后的脸色稍和缓了些。

触龙说："我儿子舒祺年龄最小，但不争气。我非常爱怜他，想让他当个侍卫，保卫王宫，请准许！"太后说："可以！孩子多大了？"

触龙回答说："十五岁。虽然还小，但我依然想在自己还没死的时候先拜托给太后。"太后说："做父亲的也爱怜小儿子吗？"

触龙回答说："比母亲更爱！"太后笑着说："母亲一般都特别喜爱小儿子。"

触龙回答说："我觉得，跟长安君比起来，老太后更爱女儿燕后。"太后说："不对！我更爱长安君！"

触龙说："既然爱子女，就要为他们考虑得长远一点。送燕后出嫁时，您泪流满面。送走以后，您也很想她，因此每逢祭祀都要为她祈祷：'一定别让她回来啊！'难道您不是从长远考虑，希望她有子孙，可以在燕国为王吗？"太后说："是的。"

触龙说："从现在往前数三世，在赵氏建立赵国时，赵国君主子孙凡被封侯的，他们的后代有继承爵位的吗？"太后说："没有。"

触龙说："除了赵国，其他诸侯国有吗？"太后说："我没听说过。"

触龙说："难道君王的子孙就一定不好吗？如今您给了长安君高位，封给他很多富裕肥沃的地方，赐给他众多珍宝，可是却没有想过让他为国家做点成绩。如此，在太后百年后，长安君在赵国如何安身？老臣认为，您为长安君考虑得太短浅了，您更爱燕后。"

太后说："行！你想将长安君派到哪儿，就派到哪儿吧！"得到太后的首肯，触龙便为长安君套马备车一百乘，到齐国去作人质了。

强敌压境，赵太后严厉拒谏，可是触龙却因势利导，用"要为爱子深谋远虑"的道理说服了赵太后。

　　每个人关注的事都不同，有的人只关心自己的利益，有的人更关心自己的健康，有的人则把家人放在最重要的位置……因此，如果想提高聊天效果，就要以对方为中心，如与关心利益的人交谈就要关注他的利益，与关心健康的人交谈就要重视他的健康，与关心家人的人交谈就要表现出对他家人的关注……只要你表现得足够关心，对方就会将你当成自己人。

图 5 - 3

资料来源：东方 IC。

　　在与人聊天时，不仅要自我表达，还要倾听别人。只关注自己而忽略别人，对方自然不愿意与你继续聊天，必须要让对方感到自己才是聊天的重点。

　　吴正是一家化妆品公司的推销员。一天，他和往常一样进行陌生客户拜访，向陌生客户讲述芦荟精的功能、效用。可是，虽然刘姐是由老客户介绍的，但并没有表示出丝毫的兴趣。吴正想："今天大概又白干了。"

　　当吴正正打算向对方告辞时，看到阳台上放着一盆非常美丽的绿色盆栽，便顺口问对方："这个盆栽很漂亮啊！刘姐，是您养的吗？似乎很少见。"

"是我养的。这种植物是仙人掌的一个品种，确实很罕见。"刘姐从容地解释道。

"会不会很贵?"吴正接着问道。

"500 元。"刘姐接着说。

"500 元呀……"吴正说道。

吴正心想："我推销的化妆品也是 500 元，有很大的希望成交。"于是，便说："每天都要浇水吗? 这盆花是不是也算是家中的一分子?"刘姐觉得吴正是个有心人，而且对花草也有所研究，于是开始倾囊传授所有花草的学问，而吴正也聚精会神地听。

过了一会儿，吴正自然而然把话题引到自己的产品上："刘姐，您这么喜欢花草，您肯定也知道纯天然植物对人类的好处。我们的化妆品提取纯天然植物精华，是市场上对皮肤刺激最小的化妆品。刘姐，现在市场上的化妆品对皮肤刺激性都很大，您的皮肤很好，最适合用这款化妆品，只是一个盆栽的价格!"

刘姐爽快地答应下来。一边打开钱包，一边说："很高兴你能听我唠叨这么久，改天可以再来听我谈植物。"

吴正的经历说明了一个道理，与人交谈时，要善于利用话题引导别人的话。在交谈的过程中，要让对方感觉到他是重要的，他占据着主导地位。

聪明人与人交谈时，都会给别人留有余地，懂得让别人有话可说。当别人开口时，他们也不会轻易打断别人。聪明的人，在聊天时，一定会时刻让对方感觉自己是非常重要的，具体说来可从以下几方面进行:

1. 不自视清高，要尊重对方

拿破仑·希尔说："你以怎样的态度对待别人，别人也会以怎样的态度对待你。"你怎么对待别人，别人也会怎么对待你。你轻视对方，别人也会轻视你。所以，在交谈时，要懂得这个道理:任何人都觉得自己很重要，任何个人都希望被别人摆在重要位置。

2. 欣赏对方欣赏的事

马斯洛需求理论的第三层是社交需求，是说在人际交往中，任何人都希望被欣赏。所以，我们要懂得欣赏对方的一切，对方的能力、对方的风度、对方的谈吐……越对对方表示出欣赏，对方越可能对你产生好感。

3. 请教对方擅长的事

在人际交往中，假如能够保持一种虚心的态度向对方请教，更容易赢得对方的心。所以，当我们遇见自己不了解的问题、不明白的事情，完全可以选择向对方求教。如此，不仅可以增长见识，还可以赢得对方的好感，何乐而不为？

4. 不要随便打断别人的话

随便打断别人的话，是一种非常不礼貌的行为。不打断别人的话代表着你对别人的尊重，也代表着你愿意听别人讲话，你不喜欢某人，并不代表他说的话就没有价值，也不能够通过随意打断别人说话来侮辱他。

他人说话，不要东张西望

英国人体语言学家莫里斯说："眼对眼的凝视只发生于强烈的爱或恨之时，因为大多数人在一般场合中都不习惯于被人直视。"所以说，与人交谈不能长时间凝视，有经验的警察、法官常常利用长时间凝视这种方法来迫使罪犯招供。所以，在一般社交场合不宜如此。还有就是，对异性目不转睛地注视，或者对初识者反复地上下打量，是非常不礼貌的。

有一句名言说得好："善言，能赢得听众；善听，才会赢得朋友。"善听别人讲话，也是一种修养。

凤凰卫视《鲁豫有约》节目的主持人陈鲁豫，在访谈节目中就很好地做到了"倾听"。

网上有一段时间有人说她的主持风格很简单，完全没有发挥一个主持人该有的语言控场能力。可是，陈鲁豫就像一个孩子一样静静地倾听嘉宾讲话，偶尔才会插上几句话。

看似简单，但只有内行才能从这静静的倾听中体会到鲁豫的内在功力。也正是因为她这样的表现，更加突出了被访者的重要性，营造出一种让被访的嘉宾倍感真挚、亲切的氛围，从而放心地将自己的情感与经历诉说给观众。

陈鲁豫的聪慧和高明之处，正是用自己的温柔"倾听"来"指挥"节目的整个发展进程。陈鲁豫无疑是聪明的人，她的聪明就在于她懂得"听"。

听他人讲话也是有讲究的，如果我们在听他人讲话时东张西望，就会使人感觉不被尊重、不被重视。反之，一个聪明有礼的人，在听别人讲话时，必定会根据对方讲话的内容给予不同的回应与示意。

有时候一个简单的动作，或是一声"嗯"都能够让对方知道你很用心地在听，这是一种很必要的尊重和敬意。麦克曾经有过一次被冒犯的经历：

麦克与客户正在一家餐厅谈业务，招待他们的是一位漂亮的服务员。每次这个女服务员经过这位客户的身边时，客户的视线就会一直黏在她身上，直到最后看不见为止。

麦克觉得自己不被尊重，之后便离开这家餐厅。后来有人问他为什么没有和这个客户合作，麦克说："那位女服务员的腿比我说的话对他更重要。这个客户一点都没有认真听我讲话，他完全无视了我的存在！这笔交易不用继续下去！"

麦克的话告诉我们一个道理：在他人说话时，眼睛要注视着说话的人，不要分心，不要走神。要成为一个让人信赖的聆听者，动作不可太拘谨，身体要自然前倾，表情要放松，偶尔点点头，注意力集中。即使偶尔提出不同意见，也应温婉、贴心，切不可粗鲁打断。

在与他人交往时，东张西望，往往会影响双方之间的交流。不愿意与人进行目光接触，就会给人一种在说谎、掩饰什么的感觉；目光接触时间非常短、眼神飘忽闪烁的人，会让人觉得他精神不稳定或是性格不诚实；如果交谈中几乎不看对方，那么这个人一定是怯懦并缺乏自信心的人。

在人际交往中，多听少说，多倾听别人讲话。认真倾听别人讲话，是对说话者最好的礼貌与尊重，人们也通常会把认真倾听自己说话的人当作可以信赖的知己。

社会学家和心理学家从人际关系角度进行研究，提出了以下聆听技巧：

1. 注视时间长短的问题

在人际交往中，应该如何把握注视时间的长短？实际上，注视时间的长短，通常取决于双方关系的亲疏以及你对对方的重视程度。

在与熟人、故交或非常重视的对象进行交谈时，注视对方的时间需要长一点。在交谈中，如果你注视对方的时间非常短或者基本上不看对方，不论你的主观动机是什么，都会使得对方觉得自己被轻视、被冷落了，从而引起对方的反感。

2. 眼神不要保持"始终如一"

在交谈的过程中，如果自始至终地用一种眼神看着对方，就算是温和的目光，也会使人觉得做作与虚伪。真诚与人交谈时，眼神会随着讲话的语气和说话的情节自然地产生变化：与他人见面握手或者是打招呼时，目光要亲切并热情；与他人交谈时，要时不时地看着对方的眼睛到鼻子这个区域；询问对方的身体与对方家庭情况时，目光中要带着关切；征求对方的意见时，应该眼含期待；若对方表示赞同、支持时，目光需要透着喜悦……

拒绝他人，语言要委婉

生活中，有一些善良的人特别容易心软，面对他人的请求，常常不懂得拒绝，因为害怕拒绝了他人，会影响彼此之间的关系。其实，不然！一位哲人说："学会了拒绝，是一个人成熟的标志之一。"拒绝是沟通的一门学问，也是一门人生艺术。

王刚是一家公司的文员，他不善言谈，平日里也极少与人侃侃而谈。有一次，上司派给王刚一个任务，去出差催款。

王刚性格内向，催款这种事情他必然是做不来的，应该交给善于交际的同事去做。王刚虽然心里这么想，但是不敢说出来，更没有勇气拒绝领导，于是硬着头皮答应了。

来到出差的城市，对方热情招待了王刚。酒桌上，对方要王刚喝酒，王刚坚持自己的原则，一口也不喝，让对方很不满。一气之下，对方胡乱编了一个理由，把王刚打发走了。

王刚一脸沮丧地回来，领导自然十分生气。领导说："假如你做不到，最开始时就不要答应。这是工作，不是儿戏！"

王刚的错误其实就是，他不了解怎么拒绝他人。不论是在职场上，抑或是在人际交往中，能做到的答应也无妨，做不到的一定要恳切地拒绝，该答应时答应，该拒绝时拒绝，这也是一种社交能力。像王刚那样，不仅会给自己添麻烦，还耽误了别人的事。

有个名人曾说过这样一句话："人世间最难的事就在于对他人说'不'。"他人请求你帮忙，经常会让你陷入两难境地：拒绝，担心得罪对方；答应了，就会触犯自己的原则，让自己陷入为难的境地。其实，这个问题很多人都已经成功地解决了。只要合理地拒绝他人，就能够避免这种两难境地，把事情最快最好地解决掉。

图 5 - 4

资料来源：东方 IC。

你要明白，谁被拒绝内心都是不愉快的。诚恳的态度、合乎逻辑的话语往往能够把这种不快降到最低。所以，委婉拒绝他人，才能够最大程度地减少拒绝带来的伤害。

1. 通过诱导的方法拒绝

有许多问题，我们能够使用技巧让对方站在自己的角度来看问题。如此，就可以引导对方做出其他的判断，巧妙地拒绝对方的要求。

冯琪从朋友那里借了一个 iPad，午休时她正用 iPad 玩游戏。同事坐在她旁边，看到冯琪的东西好玩，非要借几天玩玩。虽然冯琪说明了情况，同事却一直不依。

冯琪灵机一动说："我可以借给你，但是我有一个要求，你不能借给别人，你答应吗？"同事一听，赶紧说："当然，我一定做到。""绝不失信？"
"绝不失信！"同事赶紧表态。冯琪当即肯定地说："我也不能失信于人，我
借 iPad 时也答应了朋友绝不外借。"听到这儿，同事目瞪口呆，只能作罢。

2. 以对方的回答为拒绝依据

当发现自己处于不利情况下，为了明确自己的立场，需要找借口拒绝对
方。这个时候，机智地用对方的话来拒绝对方，使对方没有坚持的理由，就
能达到拒绝对方的目的。

罗斯福在任美国总统之前，曾在海军部任要职。有一次，一个人问了罗
斯福一个有关军事机密的问题，罗斯福做耳语状说："这是一个机密问题，
你能替我保密吗？"那个人立刻保证："我能！"罗斯福："那我同样也能！"

通过设问，让对方做出回答：人不可以出尔反尔，自我推翻。所以，当
对方回答之后，以对方的回答来作为拒绝的依据，就可以轻松地让对方作罢。

3. 委婉拒绝，要注意自己的态度

拒绝是一件让他人不愉快的事情，那么在态度上就要稍微和蔼一些，以
便缓冲他人不愉快的情绪。同时，不要在他人开口要求时就断然拒绝。因为，
对他人的请求迅速拒绝，完全不妥协的态度，是不妥当的。

4. 拒绝他人，不要伤害对方的自尊心

拒绝他人，千万要顾及对方的自尊心，尤其是对你有恩的人。相信只要
你表示出对对方的尊重，并率直地说出自己的难处，对方一定可以理解。

5. 拒绝对方，要给对方留一条退路

给对方留一条退路，就是给对方留面子，要耐心地听对方把话讲完。听
完了对方的话，再来说服对方，就不会让对方觉得难堪了。为什么说拒绝是
一门艺术？因为拒绝不是一件简单的事，既要拒绝他人，又要让对方感受到
你的真诚和善意，并理解你。

第六章 宴请礼商：提升品位修养，请出生意和机会

主宾，请你坐在我的右手边

有次授课前，一位客户向我提出这样一个问题：

公司以往安排会议时，主席台上的领导都坐在左边，接待客人时也安排左边为上座。可是，最近他了解了一些礼仪常识，发现很多书上都强调的是"以右为尊"。他感到心里很不安，是不是自己怠慢了客人？

其实，关于"以左为尊"和"以右为尊"的问题，不能一概而论。

首先，国际惯例是"以右为尊"，所以在商务场合中，一般都强调"以右为尊"，坐在右侧的人地位高。因此，在接待客人时，出于对客人的尊重，通常会安排客人坐在主人右边。

其次，国内的一些政务交往中，往往采用传统做法，"以左为尊"。比如，国家政务会议、军事会议，国企内部的大型会议等，都以左侧为上座。

现在，普遍认同的观点是：在国际交往中、商务涉外交往中，是"以右为尊"；而对于国家的政务礼仪、国企内部大型会议，是"以左为尊"。

有一次，笔者给一家公司培训，完毕后，公司总经理请客吃晚餐。就座时，总经理礼让我坐上座，我正在谦让，两位新进员工一屁股就坐在了上座，

嘴里还说:"别客气了,反正是圆桌,坐哪儿都一样,不然就我们坐吧!"虽然说不知者不罪,但是这两位新进员工,必定给总经理留下了不了解礼仪的印象。

请客户吃饭,你知道各人该坐在什么位置吗?看了上面的案例,或许能明白。

商务宴请座次礼仪随着社会环境和商务需求而不断得以丰富和发展。应酬吃饭时候的座位选择是一门学问,可以从中看出个人是否了解社交礼仪。

商务宴请座次安排是中国传统文化的积淀,是随着人类社会的历史发展而逐渐形成、发展并且不断完善起来的,是历史的沉淀。不了解宴请礼仪,必然会影响自己在领导心目中的地位。

1. 中式宴请礼仪

中国正式宴请,在举办宴请之前,都要排定桌次和座次,或者只排定主桌的座次。商务宴请座次礼仪的原则是:以右为上座,以中央为上座,以内侧为上座,以近为高远为低。简单一些,可以归纳为以下几个方面。

(1)主人一般会坐在面对着门的地方,此座位为主位,方便主人迎接客人。最重要的客人一般都会被安排坐在主人的右边,第二重要的客人会被安排在主人的左边,以此类推,这是中式基本的座次安排。

(2)有多位主人时,双方可交叉排列,离主位越近地位越尊贵。举行多桌宴请时,每桌都有一位主桌主人的代表在座。

(3)如果主宾的身份高于主人,为了表示对主宾的尊重,可以把主宾安排在主人的位置上,主人则坐在主宾的位置,即右侧的座位,第二主人坐在主宾的左侧。

(4)如果夫人跟随,其排名的顺序,与其丈夫相同。即在众多宾客中,男主宾排第一位,其夫人排第二位。

(5)职位或地位高者为尊,高者坐上席,依职位高低,即官阶高低定位，不能逾越。职位或地位相同，则依官职传统习惯定位。

2. 西式宴请礼仪

（1）座次排列的规则。

1）恭敬主宾。在西餐中，主宾非常受人尊重。即使用餐的来宾中有人在地位、身份和年纪方面高于主宾，但主宾仍是主人关注的中心。在排定位次时，应请男、女主宾分别紧靠着女主人和男主人就座。

2）女士优先。在西餐礼仪里，女士备受尊重。在排定用餐位次时，主位一般应请女主人就座，而男主人则须退居第二主位。

3）以右为尊。在排定位次时，以右为尊。就某一特定位置而言，其右位高于其左位。

4）面门为上。它所指的是面对餐厅正门的位子，通常在序列上要高于背对餐厅正门的位子。

5）距离定位。一般来说，西餐桌上位次的尊卑，往往与其距离主位的远近密切相关。在通常情况下，离主位近的位子高于距主位远的位子。

6）交叉排列。男女交叉排列、陌生人与熟人交叉排列、夫妻交叉排列。用餐者最好是双数，并且男女人数各半。

（2）座次的具体排列。用西餐时，最常见、最正规的西餐桌是长桌，也有方桌，有时会拼成各种图案。

1）长桌。以长桌排位，一般有两个方法：法式就座法。男女主人在长桌中央对面而坐，餐桌两端可以坐人，也可以不坐人。英美式就座法。男女主人分别就座于长桌两端。

2）方桌。以方桌排位，就座于餐桌四面的人数应相等。一般情况下，一桌共坐 8 人。进行排列时，要让男、女主人与男、女主宾对面而坐，所有人都与恋人或配偶坐成斜对角。

按时开席，不拖延

有这样一个小故事：

森林里每次召开重要会议，都不会通知猪家族。猪很生气，决定找狮子王理论。

猪家族代表生气地对狮子王说："尊敬的狮子王，我要代表猪家族向您提出抗议。"

猪是森林里最老实的，提出抗议还是头一次，想必一定发生了大事，狮子王感到很惊讶，但转念便认真了起来："什么事情？"

猪家族代表哼哼了两声说："为什么每次森林召开重要会议，都不通知我们猪家族？"

狮子王说："谁让你们不遵守时间呢！以前每次开会，我都会派信鸟第一个通知你们家族，可是你们家族生性懒惰、贪吃贪睡，每次都是会议结束了才来，或者干脆忘了。时间长了，我便觉得，不用通知你们了。即使发出了通知，你们也不会来。"

听了狮子王说的话，猪家族代表一阵脸热。从那以后，猪家族努力改掉了不遵守时间的坏毛病，每次会议都第一个到。

遵守时间，是做事的第一准则。每次都迟到，下次谁还会搭理你？

古人曾经说："礼出于俗，俗化为礼。"礼仪多半都是来自习俗的，其实交际礼仪中有很大一部分内容来自宴会。而宴会的礼仪，最基本的就是要有时间观念。

周末，王某约几个好朋友一起吃饭，因为在北方的冬天，天黑得比较早，因此王某就把饭局定在了晚上五点。到了下午五点左右，几个好朋友都陆续来了，大家坐在一起聊天，然而王某拿着菜单，看来看去，就是迟迟不点菜。

无奈，大家都陪着王某一起饿肚子，直到六点时，王某才慢悠悠地点完了菜。

在我们宴请别人时，经常会忽略这一点。有时，可能因为某个人迟到，不得不推迟开席时间；有时可能因为自身的某些原因，一直迟迟不点菜、不开席，但是无论如何，我们都应该明白一点：按时开席，才是最基本的礼貌。

一般来讲，宴会要求准时到达，结束后才可以走。最好别晚到，让多数人等你一个人，这不合适。尤其是在当今这个"时间就是生命"的社会，尊重别人的时间也是一种礼仪。那么，在宴请客人时，如何才能做到这一点呢？

1. 确定宴请时间

在订餐前，首先要考虑宴请的时间。如何确定宴请的时间呢？正式宴请的时间主要遵从民俗惯例，也要从自己的客观能力出发，讲究主随客便，并对用餐时间进行必要的控制。

（1）民俗惯例。中餐特别是中餐宴会具体的时间安排，根据人们的用餐习惯，依照用餐时间的不同，分为早餐、午餐、晚餐三种。至于在宴请他人时，到底应当选择早餐、午餐还是晚餐，不好一概而论。不过，在绝大多数情况下，确定正式宴请的具体时间，都要遵从民俗惯例。

（2）主随客便。在职场宴请中，最高级别的宴请通常是午餐、晚餐、晚宴。午餐通常是工作餐，晚餐通常是用于放松心情联络感情的，晚宴则用于庆祝。在确定具体时间时，主人不仅要从自己的客观能力出发，更要讲究主随客便，要优先考虑被邀请者，特别是主宾的实际情况。如果可能，应该先和主宾协商一下，争取让双方都方便。

（3）日期的选择。宴请日期的确定，一般有三种方法：一是按主人的需要安排，如企业开张、友人聚会等；二是随客人的因素而定，如接风送行等；三是考虑主客人共同方便的时间，如职场聚会等。通常，要选择多数宾客都能来参加宴会的，特别是要考虑主要宾客的最合适时间。

2. 按时开席，不拖延

客人落座后，应按时开席，不能因个别客人误时而影响整个宴会的进行。

如果主要客人或主宾开席时尚未到达，应尽快弄清原因，根据情况采取应急措施，并向其他客人表示歉意。一般来说，宴会延迟的时间不该超过 15 分钟，情况特殊时，最多也不能超过 30 分钟。等待过久，不仅会让其他客人不耐烦，还会冲淡宴会气氛。

3. 把握好点菜时间

职场宴请往往是"客随主便"，客人不了解当地饭店的特色，通常都不会点菜，为了照顾客户的喜好，可以请服务生介绍本店特色，但不要花太长时间点菜，不要让所有人都"眼巴巴"地陪你饿肚子，你的犹豫不决会令他们不耐烦；同时，不要在没有浏览完菜单的情况下就草草地定下几个菜，否则缺乏合作精神。

4. 用餐时间的控制

对于用餐时间，要适当控制，既不能匆匆忙忙走过场，也不能拖拖拉拉耗时间。一般认为，正式宴会的用餐时间应为 1.5 ~ 2 小时，非正式宴会与家宴的用餐时间应为 1 小时左右，便餐的用餐时间为 30 分钟。

一定要让客户先点菜

曾经听说这样一个故事：

一天，一位商人看到一个穿着破旧的铅笔推销员，觉得他很可怜，便毫不犹豫地将 10 元钱塞到对方手中，然后扭头走开。走了没几步，他忽然觉得这样做不对，于是连忙返回来，解释说："我忘了取笔，你不要介意！"最后，他郑重其事地说："您和我一样，都是商人。"

一年之后，在一个商贾云集的社交场合，这个商人看到一位西装革履、风度翩翩的推销商向自己走来。这个人介绍道："您可能早就不记得我了，我也不知道您的名字，但我永远记得您，因为是您给了我自尊和自信。过去，我一直觉得自己是个推销铅笔的乞丐，可是您却告诉我，我和您都是商人！"

很难想象，商人一句简单的话，竟使一个自卑的铅笔推销员树立起了自尊，使一个处境窘迫的人重新找回了自信。这就是尊重，这就是尊重的力量！

尊重别人，就是尊重自己！而在酒席上，让客人先点菜，也体现了对客人的尊重。

萨迪曾说过："谁在平日节衣缩食，在穷困时就容易渡过难关；谁在富足时豪华奢侈，在穷困时就会死于饥寒。"中国的饮食之道，也是人情融合之道。饭局，既是亲朋故友之间的沟通交流，也是生意对手间的交锋谈判。

酒肉穿肠过，交情心中留！职场宴请的重要性不言而喻。而如何点一桌好菜，是宴请成功至关重要的因素。点菜的顺序对了，客人就会满意；顺序错了，就可能失去客人。同样，菜点好了，会得到客人的赏识；菜点得不好，既怠慢了客人，又会造成浪费……

王主管是 A 公司的一个部门负责人，正在和 B 公司李经理洽谈合作。两个人约了一个饭局。王主管平时霸道惯了，什么事情都是自己拿主意，在这次饭局上也不例外。大家落座后，王主管拿着菜单，没有征求别人的意见，独自点起菜来。王主管无辣不欢，于是点了整整一桌子辣菜。李经理平时不吃辣，皱着眉头，没动几下筷子，就匆匆结束了这次饭局。

其实，这项合作已经谈得差不多了，但这一顿饭下来，却出现了转折：B 公司拒绝和 A 公司合作。

点菜之"点"，不亚于战斗前的点兵之"点"。点菜是一种学问，是个人饮食文化修养的集中体现，是一项复杂的工作。在和客户吃饭时，一定不要像 A 公司的王主管一样。如果能有礼貌地将菜单递给客户，让对方先点菜，必然会迎来不一样的结局。

当然，很多时候，即便是你让客户先点菜，客户也会推却，这时就要自己点菜。千万不要随心所欲地点一桌子自己喜欢的菜，一定要审时度势。

无论何种饭局，点菜这一程序不可忽视，宴请中，点菜要遵循以下几项原则：

1. 综观全局

判断一桌宴席的好坏，主要从色、香、味等方面来说。一桌色香味形俱全的好饭菜，不仅可以满足食欲，而且可以拉近宾主之间的距离。因此，点菜一定要综观全局，从色、香、味入手。

表6-1　点菜的要点

着眼点	说明
色	把食物的天然色彩呈现在客人面前，不仅好看，而且能让人觉得健康卫生。辣椒的红、茄子的紫、青菜的绿、米饭的白，好的厨师可以把这些缤纷色彩十分巧妙地调和在一起。点菜时一定要把握好色彩的搭配，餐桌上的颜色可以根据客人的爱好尽量丰富些
香	香是迎客的第一道风景，入席时，如果有人忍不住吸一口气，赞道："好香啊！"表示这次宴请已经成功了一半。一般来说，炸、炖、烧、煎、烤、炒等烹饪方法有提香的作用。因此，可以多点几个容易出香的菜
味	请客，能迎合客人口味和心意的菜是最好的。但东西南北的口味差异很大，再加上主客之间是公事往来，往往并不十分熟悉，甚至只是一面之交，对彼此的口味并不了解。因此，味在职场宴请中是最难把握的。一般可以根据客人的籍贯、职业特点、个人兴趣推断其口味。如果实在难以推测，可以点两三个相对保守的菜，即大众都能接受的菜

2. 尊重客人

在点菜时，主人不要主观地把自己的爱好和口味强加在客人头上，要尊重客人。如果不了解客人喜欢吃什么，点菜的品种就要尽量丰富，荤素搭配，主副搭配。

3. 精致又经济

职场宴请和经济利益有着密切的关系，点菜时的经济原则是必须遵循的。

通常，每个单位都有相应的招待标准。对于不同职务、不同级别、不同身份的客人，要使用不同的宴请标准，关键是不要弄错了标准。

4. 好吃又健康

如今，"大鱼大肉才是待客之道"的时代已经过去，"吃得好"的概念已经被"吃得健康"所取代，营养饮食越来越被大众认同。点菜时，要有意识地对荤素、粗细进行搭配，尽量从健康出发。

喝酒，也是一门技术活

不能否认，在生意场上喝酒确实可以增进双方感情，促进双赢。许多人已经养成在酒席上谈生意的习惯，似乎没有酒就无法谈生意，有了酒一切就顺理成章、水到渠成。但酒喝多了之后，很少有人能保持原有的风度，也很少有人能顾及酒桌礼仪，尽管依然能谈天说地，可言谈举止间却流露出许多人性弊端，而这些正是毁坏形象的罪魁祸首。

一天晚上，刘平陪同40多个客户到酒店举行答谢会。刘平与每个客户都"单挑"了一次，为了表示诚意，每次都要喝一大杯红酒，远远高于平时的酒量。10点半，刘平跌跌撞撞地去洗手间，可是一进去，便醉倒在地，昏睡过去。

到了12点，同事都不见刘平的踪影，着急了，不停地给刘平打电话，刘平也没有听见。第二天凌晨2点，大家分头在楼上楼下挨个地敲厕所门，终于找到了刘平。

在中国，不摆饭局请喝酒，事情几乎是办不成的。宴会中，八面玲珑的人往往能给人留下深刻的印象，使人无形中对其产生好感。一旦产生了好感，信任也就不远了。

小吉是公司的公关部经理，经常要陪老总应酬。这日，公司举办酒会，参宴的大多是生意上往来频繁的客户，人实在太多了，所有中层以上干部几乎是以一当十，几十桌下来，放眼望去，简直就是酒的海洋，每人跟前一红一白，红白相间，很是惹眼。

"这酒咋喝呢？真要喝了，宴后怎么回家？"小吉在一旁发着愁，突然，他脑中灵光一闪，举杯对所有客户说："来，在座的所有老总都是白手起家，从今以后红红火火，来请喝红酒！"此语一出，一位客户立即插上话："是啊，这里谁不是白手起家啊！从今以后红红火火，干杯！"说着，客户举起了一杯红酒，原来的白酒就被换掉了……

要知道，公司都是从无到有，一步步发展起来的。很多人即便不是白手起家，也不会承认自己是续承家业、靠祖上庇护。当小吉临场不惧，巧妙地以白手起家为托词给在场的所有人解围时，大家都顺水推舟，顺着台阶下了，毕竟大家都不想喝醉。相信小吉的八面玲珑一定给在座的所有人留下了深刻的印象。因此，为了维护自身形象，为了把事情办好，应尽量少喝酒，让自己时刻保持清醒的头脑，维护酒桌礼仪。

1. 掌握敬酒的顺序

敬酒前一定要充分考虑敬酒的顺序，分清主次。一般情况下，敬酒应以年龄大小、职位高低、宾主身份为序。与不熟悉的人在一起喝酒，要先打听一下其身份或留意别人如何称呼，做到这一点，就可以避免出现尴尬或伤害感情了。在酒桌上，如果有求于某位客人，对他自然要倍加恭敬。

2. 酒桌上切忌说悄悄话

酒桌上人数一般都很多，尽量不要与人贴耳小声私语，给别人一种神秘感，使酒桌上其他人产生猜疑的心理，影响酒桌的气氛。同时，在谈话时，应尽量多谈论一些大部分人都能参与的话题，得到多数人的认同，不要冷落了其他人。个人的兴趣爱好、知识面都是不同的，话题尽量不要太偏，避免唯我独尊，而忽略了众人。

3. 不要喧宾夺主

很多人聚在酒桌上，一定有某种目的，不是为了喝酒而喝酒，因此，在酒桌上要注意主宾的神情，把握好自己的言谈举止，不要偏离主题。同时，主人也不要让某些哗众取宠的酒徒搅乱了自己的安排。

4. 把握劝酒分寸，不强求

在酒桌上，有时主人会让宾客尽量多喝几杯，劝酒就避免不了。如果"以酒论英雄"，酒量大的人还可以，酒量小的人就犯难了。过分地劝酒，会让有些人反感，甚至会影响朋友的感情，若醉酒甚至会因此发生意外就得不偿失了。因此，在酒桌上，一定要掌握好劝酒的分寸。

5. 会隐藏，保留实力

在酒桌上，如果自己是主人，就要尽量让每位宾客都喝好，要发挥自己的实力。如果自己是客人，则无须如此，应该有所保留，既不让别人小看自己，又不要过分地表露自身，要选择适当的机会，逐渐展示自己的真实水平。

6. 注意酒桌上的语言

酒桌上诙谐幽默的语言可以显示个人的才华、知识、修养和交际风度，也会给客人留下很深的印象，使人无形中对你产生好感，让酒桌上的气氛更加融洽。因此，语言得当、诙谐幽默很关键。

吃饭的速度太快、太慢都不好

请客吃饭，一定要注意细节，不要以为吃完饭就能成事了。比如，一定要注意吃饭的速度，既不能太快，也不能太慢，否则都会让客户不满意。一场完美的宴会，忽略任何一个细节都不可行。

　　小刘请客户去一家饭店吃饭，希望客户从他手里购买一批原材料。小刘知道，请客吃饭只是一种形式，因此吃饭期间一直在讨论工作，一个小时过去了，小刘几乎没怎么动筷子，还在那里滔滔不绝地讲。客户几次暗示想快点结束这个饭局，但是小刘丝毫没有领会到客户的意思。结账之前，小刘狼吞虎咽，几分钟就将桌上的饭菜收进了肚子。

　　结账时，正赶上服务员换班，小刘喊了几次也没有得到服务员的回应，不免有些着急，就对着吧台大呼小叫起来。小刘对客户说："真是的，没想到遇到这种事，这笔生意你一定要给面子啊！你看，为了这顿饭，我还受了服务员的气呢！今天你暂且先回去，等咱们这笔生意成了，我再请你喝酒啊！"

　　后来，这位客户没有买小刘的原材料，也没有再与小刘联系。

　　在现实生活中，像小刘这样请客户吃饭，不仅无法谈成生意，还会丢了客户。

　　吃相，也叫"食相"，指的是吃喝时的姿态和礼仪。通过吃相可以判断一个人，因为吃相是多年养成的就餐习惯，不仅与这个人的学识、教养等有关，更与这个人的身份、经济状况等有关。

　　从吃相最容易看出个人的素质、家庭教育背景和受教育的程度。有很多关于吃相的汉语成语，比如，温文尔雅、细嚼慢咽、津津有味、有滋有味、回味无穷；狼吞虎咽、饥不择食、大快朵颐、馋涎欲滴、酒足饭饱、囫囵吞枣……一般说来，请客吃饭，要注意以下几点：

　　1. 适时动筷（布菜）

　　为了表示对他人的尊重，要先请客人、长者、领导动筷（也可以轮流请他们动筷）。夹菜时，每次少一些，尽量夹离自己近的菜，千万不要用眼珠子紧盯着几样较合胃口的菜肴，筷不离手、口水不停咽；千万不要玩筷子，不要将筷子当作剔牙的"大牙签"，也不要翻菜挑菜，更不能当作"指挥棒"

指指点点。

2. 不要发出声响

吃饭时身板要坐直，要端起饭碗或一手扶碗，这是对同桌长辈的尊敬。吃饭时，既不要出声响，也不要使劲咀嚼脆的食物而发出很清晰的声音，不要发出"吧唧吧唧"的声音；要提起饭碗贴着唇边，用筷子把饭粒推入口中。

3. 正确喝汤

喝汤不要发出声响，可以用汤勺小口地喝，汤勺里的汤水不要超过七成或者用汤勺盛到自己的小碗里。如果想盛汤，就先将筷子放下再拿起汤勺，不要筷子和汤勺一把抓；用过的勺子留有口水，不要再下到汤碗（锅）里盛汤；不要用力吹着喝，更不宜把碗端到嘴边喝；如果汤里的菜肴比较多，不要精挑细寻，随意盛取即可。

4. 打喷嚏要避人

进餐时，如果出现打喷嚏或打嗝等不由自主的情况，要用手或手帕捂住嘴，将脸转过去而不对着人，完事后说一声"对不起"、"请原谅"；如果肚子不舒服，要尽可能离开现场。

5. 吃鱼有方法

吃骨头或鱼刺时，不要随意吐在桌上，更不能往地面吐。正确的方法是，慢慢用手或筷子放在骨碟里，或者轻轻地吐在骨碟里，如果没有骨碟，可以用餐巾纸代替。

6. 活跃气氛

不要闷头自顾自地吃，不要眼光游离，更不能狼吞虎咽，要配合主人调节气氛。劝酒时，要恰到好处，不要勉为其难。如果用餐的主题明确，或联络感情，或业务招待，就要适时利用餐桌进行沟通。一般来说，没有明确主题的，以欣赏菜肴为主，气氛应该轻松和谐。

7. 剔牙礼仪

最好不要直接在餐桌上剔牙，可以用餐巾或手挡住自己的嘴巴。餐桌上，不要出现用小拇指上的指甲抠牙、掏耳朵、挖鼻孔等不文明举止，否则会降低你在其他人面前的印象分，给人一种不了解礼仪的感觉。

把握时机，进入主题

一名男子乘一艘旧木帆船出去旅行。一天，男子走到甲板上，看到一名船员正沿着绳子爬向上面的乌鸦巢。当船员爬到一半时，船突然倾向一边，他被甩到了水里。落水后，船员一边大声呼救，一边疯狂地用力拍打水面。

一名水手走到船舷边，平静地观察着在水里拼命挣扎的船员。船员挣扎了一会儿，似乎有些累了，开始往下沉，水手立刻跳出船，救起了正在下沉的船员。两人平安地回到船上。

旅行者亲眼目睹了这一幕，走到水手身边，问："为什么要等那么长时间才跳入水中救他？"水手平静地回答："多年的水手经验告诉我，落水之人在水中拼命挣扎时，立刻跳入水中救他，他很可能会将我拖入水中溺死；挣扎一会儿后，他的力气消耗完了，我就可以跳下水去救他了，这才是最佳时机！"

是啊！把握住好时机，才能让成功的可能性增大，才会事半功倍。如今在我国，吃饭已经不再是单纯的吃饭，尤其是在商务会餐中谈生意。因此，在商务会餐中，一定要不失时机地抓住机会，将话题引到正题上。

一天，公司刘经理准备宴请一位重要客户。为了给客户留下好印象，刘经理特意在一家有名的酒店预订包间并点了菜。为了体现自己宴请的诚意，经理点的都是酒店的特色菜，天上飞的、水里游的、地上跑的无一不全。值得一提的是，为了让来自异乡的客户感受到本地的特色，刘经理还特意点了一份烤乳猪。

傍晚，刘经理领着客户来到饭店，饭店富丽堂皇的装修让客户很是满意，服务员上的菜也让客户赞不绝口。在吃饭期间，客户一个劲儿地夸赞菜做得地道、口味棒。看到客户夸菜地道，刘经理也是一味地附和，却不知道该如何让谈话的主题引到生意上。结果，一顿饭下来，除了吃饭，什么也没有谈成。

在今天这个时代，客户是"上帝"，与客户搞好关系很重要。要想使客户认同你，忠诚于你，邀请客户吃饭是免不了的。但是，如果像案例中这位刘经理一样，一门心思全部放到吃饭上，也是不妥的。

图 6 - 1

资料来源：东方 IC。

自古以来，饭局都不是单纯的饭局，而是错综复杂的关系网和利益链。

现代社会，宴请客人，大多是为了社交，像鸿门宴上的针锋相对、剑拔弩张实在是太少了。如今的饭局更像是一场博弈，由于不同的目的聚到一起，大家都希望通过餐桌获得更多的利益。那么，怎么才能做到这一点呢？

1. 以轻松的话题开头

餐桌是一个令人放松的场所，为了使餐桌气氛活跃起来，应尽量谈一些轻松愉快、无伤大雅的话题。当然，在吃饭前与客户说好了边吃边谈，若是对方主动提起了话题，就另当别论了。总而言之，别让餐桌上的气氛太紧张就好。

2. 把握时机，引入主题

假如想在酒桌上谈问题，可以在酒饭过半、气氛融洽闲聊时，把握时机，引入想谈的话题，边吃边说，既有礼貌，又容易沟通，并容易达成目的。

3. 吃中谈，谈中吃

根据宴会的性质，要保持不同的气氛。如是要解决合同的未尽事宜或者公关，先要倾听客户的意见，再根据情况做适当的洽谈。不要只顾洽谈而忘了吃饭，吃饭喝酒是谈判和公关的润滑剂。出现冷场时，就可以喝酒来活跃气氛。

当然，除此之外，和客户吃饭时，其他礼节也是不能少的：

1. 真诚待人

"以诚待人"是中华民族几千年来的古训，只有对人真诚，才能将业务关系维持得长久。请客户吃饭，同样要真诚！如果你先到，就应该让客户感到宾至如归，把他们引荐给重要人物；邀请客户进餐，尽量不要带另一半，因为客户可能不认识你的另一半。

2. 尊重客户

面对大门的位子为主位，就是主人（上司）的位子，客户要坐在主人右手的第一个位子，随员要坐在主人左手的位子。如果上司和客户的杯子里需要添茶了，随员要义不容辞地去做。可以示意服务生来添茶，或让服务生把茶壶留在餐桌上，由随员亲自来添更好。当然，添茶时要先给上司和客户添茶，最后再给自己添。

3. 照顾客户

客人一般不了解当地酒店的特色，往往不点菜，那么点菜的任务就交给主人了。此时，要照顾到客户的喜好，也可以请服务生介绍本店特色，但千万不能耽搁太久，过分讲究点菜反而让客户觉得你做事拖泥带水。

菜点好后，要询问一下客户的意见，看看客户还有什么特别的要求，可以问问客户："点了这些菜，看看合不合你的口味？"

了解和尊重客户的习惯

英国有句谚语道："你的佳肴，他的毒药！"意思是说，此物对你是美味，对不爱吃的人就像药一样难吃。在点菜时，一定要考虑他人的口味和习惯，切不可强加于人。例如，中国人爱吃海参，认为是"海味八珍之首"，广东人有"无参不成宴"之讲究，但是大多数西方人不喜欢这道菜。

多年前，荷兰友人邀笔者赴宴，席间拿出他们引以为荣的"蓝色奶酪"。主人介绍说，这种形似古钱币的食品，不仅模样好看，而且味道举世闻名。万万没想到，当笔者将奶酪送入口中时，一股异味令笔者难以下咽，吐也不是，吃也不是。笔者横下心猛地吞下肚，可平心而论，确实比任何药品都难吃。之后，笔者婉言谢绝了朋友送上的第二块奶酪，并开玩笑地说："我喜欢蓝色的奶酪，但它们不喜欢我。"当时，笔者就下决心，今生今世再不会吃蓝色奶酪了。

然而，在现实中，很多人在请客户吃饭时，却很少注意到这一点：

接待方接待了一位外商，这位外商是一位美国人，他来这座城市是为了投资考察。考察进行得十分顺利，双方达成了最初的合作意向。

接待方设宴款待外商，宴会的菜肴很丰盛，主客双方交谈得很愉快。这时，上来一道特色菜。为了表示热情，一位接待方领导便起身为外商夹了一筷子放到他的碟子里。这位外商当即露出不悦的神色，也不再继续用餐，双方都很尴尬。

这位外商，之所以露出不悦神色，就是因为他不习惯别人给他夹菜。要知道，每个人都有自己的习惯，在商务宴请中，尊重是基础。要尊重对方的生活习惯，尊重对方的饮食，尊重对方的文化信仰，尊重对方的宗教习俗等，因为尊重他人也是对自我的尊重！

1. 了解客户的生活习惯

宴请的客户来自哪里？有什么样的生活习惯？这是主人必须了解的。比如，客户是南方人，就要点一些水产和海鲜，口味要以清淡、甜咸为主；再加上本地区、餐厅的风味餐点以及地方小吃，客户既可以吃到家乡菜，又可以吃到当地的特色菜，基本就可以了。同理，对其他地区的客户也是如此。

2. 注意客户年龄性别

如果宴请的客户中中老年人居多，就应点一些口味清淡、软嫩、烹制精细的菜点，因为老年人肠胃消化和吸收功能减弱，不适应高脂肪、高热量的食物。如果宴请的客户是年轻人，可以点一些味道浓厚、油脂较多的硬脆菜点，年轻人的能量消耗大，生活节奏快，需要能量较多的菜点，否则会感到不解馋、不过瘾。

3. 掌握原料营养价值

一般来说，一桌完整的宴席所用的原料各种各样，既有动物、植物，也有绿色菜品、食疗原料……每种原料都不同程度地含有人体必需的各种营养成分，点菜高手一般都会掌握不同原料的营养成分，针对客户的身体状况，有目的地点菜。

4. 季节不同菜品不同

不同的季节会对人体的代谢产生不同的影响，因此就餐要顺应季节变化，调整菜点，保证人体健康。夏天，可以适当少点油腻或辛辣的食物，增加一些蔬菜、豆类制品、新鲜鱼虾等菜；冬季应增加一些火锅、锅仔、煲汤等吃起来暖呼呼的菜，让客户吃得热情欢畅。

生活篇

　　在他人面前，一定有好的精神面貌。到外做客，只有懂规矩，才能受到主人欢迎。乱说话、不懂察言观色，都会令人讨厌。与朋友聚会，要想打造好关系，就要从细节入手。家庭聚会、生日聚会、同学聚会、婚宴等都是生活的一部分，不懂相关礼仪，会让自己很丢脸。

第七章 个人礼商：将好的精神面貌展现在他人面前

从"头"开始，提升个人形象

生活中，可能很多人都看到过这样的场景：

小姑娘长得挺漂亮，可是头发上却有星星点点的头皮屑；

小伙子长得很精神，可是头发却红一条、黄一条；

小护士手法熟练，但头发却油乎乎的；

快递员送货及时，但头发黏乎乎的，似乎几个星期没洗了……

古罗马哲学家绪儒斯曾经说过："甚至连头发丝也有自己的影子。"不了解这一点，就会让自己在头上丢分。不管在任何时候，都要注意自己的头！

几天前，当达蒙走进地铁站时，一个衣着光鲜的女子正拼命与进站的每个人握手。当达蒙走过去，她同样拦住达蒙说："您好，我是 Lisa，我正在竞选州长……"她一边快速说着，一边握住达蒙的左手，另一只手却在头上不停地挠啊挠。漂亮的西装上，头皮屑越积越多……达蒙一走出她的视野，就顺手把竞选小册子扔了。

达蒙是资深 HR，当天企业正在招聘新人。一位 31 岁的男士应试者，非常有能力，完全可以胜任公司实验室的工作，然而让人惋惜的是，头发一看就很久没洗了，并且凌乱地扎成一束马尾辫。结果，那位男士被 Pass 了。

在职场礼仪中，头发不仅是用来区别性别的，还体现了职场人士的审美情趣以及仪容修养。只有遵守主流价值观下的发饰修饰标准，才可以给他人留下良好的印象。

要知道，看人先看头，头部位于身体的最顶端，居高临下，占有非常重要的位置，所以头也是最引人注目的地方。因此，一定要关注一下自己的"头"，认真整理头部，以最佳的形象示人。那么，发饰修饰的标准都有哪些呢？

1. 保持头发的干净

社交场合中有一句顺口溜，叫"远看头，近看脚"。在人际交往中，最先关注的就是头发，若是油腻的头发上还有许多头皮屑，画面简直不敢想象。因此，保证头发整洁干净非常有必要。让自己的头发处于整洁干净的状态，必须做到无头屑、无异味、无黏结，保证 1~3 天洗一次头。

2. 谨防头皮屑

我平时给学员讲解"职业形像"课程时经常说这样一句话："当你参加商务会议，或者和客户见面，抑或是出席聚会时，出门前一定要保证外套的肩膀上、衣领上不可以有头皮屑，因为……每个人都会有替你把它们掸掉的冲动。"虽然这只是一个笑话，但实际上当人们看见你肩膀上的头皮屑时，只能看着，却不能替你掸，心里总不是很舒服，这种情绪最终很可能影响你们的会面或谈判，甚至还会造成无法挽回的损失。

3. 发型要得体

发型在个人的整体形象中占据着十分重要的地位，可以直观地体现个人的身份、年龄、个性，气质等。不管是男人，还是女人，即使你的面容、服饰都无可挑剔，而一个不合适自己的发型就会使效果减半。适合的发型会为你加分！

4. 长短适中

所谓长短适中就是，该长则长，该短则短。比如，男性最好留短发。职场中大部分男性头发留得都比较短，不包括一些特殊行业，如艺术性强的行业对此没有硬性要求。一般企业标准化的要求是：前发不覆额，侧发不掩耳，后发不及领。然而，也不能太短，不能剃光头，否则非常影响个人的职业形象，给他人造成一种不文明、不务实的错觉。

5. 适合自己

适合自己的发型才可以提升仪容美。不论是职场男性还是职场女性，都应该选择最适合自己的发型，不可以随意跟风；流行什么就去做什么发型，会得不偿失，失去之前的仪容美。每个人的发质、脸形、体型都有些不同，对发型的选择也会有所不同，适合自己的才是最好的。

当然，除了上面这五个方面，还有一点需要大家注意：不论是烫发，还是染发，都不可以太过浮夸或者是不合时宜。在职场上，将头发染黑是正常的，如果想染成其他颜色，则需要把握好分寸。如果必须要戴假发，就要选择使用方便的、款式适合的，还要"天衣无缝"。

化点淡妆再出门，焉能不自信？

人与人的第一印象先是从容貌开始，在社交场合，大家也都是凭借容貌来对个人加深印象。人们对于外貌比较好的人具有直观好感，觉得他们在其他方面的表现也一定比较好，我们大多数人会觉得长得漂亮的人性格也比较好，更加讨人喜欢。

一位哲人说过："我们不仅应有美好的心灵，而且应有美丽的外表。"先天条件我们无法改变，但可以通过后天的努力让自己的穿着打扮更大方得体一些。

1989年美国总统布什访问中国时，打算通过卫星向全世界电视台发射信号直播演说。为了取得更好的演说效果，事先由美国驻华大使馆给中央电视台送去了一张布什总统的标准像，恳请央视按照这张照片的形象为布什总统优化化妆方案。中央电视台选派了徐晶女士负责。

徐晶经过仔细研究布什总统这张标准像，最后采用扑粉、梳理发型等几项简单的化妆程序，布什总统对播出的结果十分满意，在电视演说结束之后，把自己亲笔签名的照片送给徐晶，并大加赞赏徐晶的化妆艺术。

可以发现，化妆也是形象设计中十分重要的一项。如今，女性更注重化妆。然而，化妆效果的好坏其实不在于工序是否多、色彩是否浓，而在于点缀是否得当，能不能更好地体现本人特色。

美国的克尔·琳达在《关于女人爱己的祝愿》一书中说："许多女人总以为只有先爱别人才能得到幸福，其实这正是一生深陷痛苦的端点。实际上，只有先爱自己的女人，才能真正赢得别人给予的幸福。"

费琳是一名国企员工，工作能力很强，大多时候习惯素颜示人，衣饰朴素，经常是牛仔服运动鞋。然而，一次单位评职称，费琳落选了，她感到非常郁闷。

在朋友的建议下，费琳特意给自己腾出半天时间，换了一套朋友们精心为她挑选的、非常适合她身材与肤色的高档衣服，简单地化了一个妆，最后再配上一两件与衣服相搭的精美首饰。

收拾完毕后，看着镜子中的自己，费琳发现的确要比平时漂亮得多，这让她有了些自信。费琳告诫自己："你非常优秀，也还年轻，而且有的是时间与命运抗争……"经过这样一番由外及内的自我心理疏导，费琳的情绪逐渐回升，不再沮丧。当她漂漂亮亮、满脸自信地跨出家门时，又可以像过去那样侃侃而谈了。

生活中，很多人都喜欢化妆出门，因为化妆可以大大增加个人的自信心。

当个人精神沮丧时，如果再不修边幅、灰头土脸，会使得旁人轻视你，从而加重自己恶劣的心境。而在逆境时，像费琳一样，适当化个妆，穿上漂亮的衣服会让自己更加自信。那么，在化妆时，应该注意哪几点呢？

1. 底妆要无痕

职业妆容是职场环境下的产物，因此必须给人一种职场的感觉，像知性、负责等。妆容过浓，就会丧失掉职场需要的知性感觉。最合理的方法就是化淡妆。淡妆的底妆选择非常重要，应该选择与自己肤色相近、具有保湿效果的粉底。否则，会让底妆显得非常不自然。

2. 眼妆要清洁

眼妆在一定程度上能够提升职业女性的魅力与亲和力，眼妆要给人清洁的感觉，清洁并非无色，只是不要过于浓艳。可以用橘色、浅蓝色、肉粉色、豆绿色这几个眼影色，使眼睛有一种清爽亮丽的感觉。

3. 眉毛要精致

眉毛会随着人面部表情的变化而产生变化，不善于对眉毛进行修饰，便会影响整个职业妆容。一般来说，眉毛太细、眉形向下，都会给人一种不可信赖的感觉，因此修眉时一定要注意这一点。画眉时，也不能将眉毛画得太重，这样会让眉毛看起来过粗过浓，不够精致。假如眉毛较淡，可以用眉笔在较淡的部位点画，之后用眉扫扫开，看起来就非常精致了。

4. 腮红要自然

腮红的作用非常大，不仅能够修正脸型，而且能够凸显面部气色，给人一种健康红润、有精神的感觉。选择腮红时，应该选择暖色系的，像是橙红或者粉红这样的暖色，橙红是偏时尚的颜色，粉红是偏甜美的色彩，两者都十分受职场女性的青睐。但是，腮红的颜色也并不是越浓、面积越大越好，以颧骨下部为起点斜着轻刷即可，大面积地刷不如只刷浅浅一点。

5. 知性气质裸色唇

职场是个比较正式和严肃的地方，唇妆要用比较大气的颜色，亮晶晶的唇蜜就不职业。裸色或珊瑚色系的唇膏，就能体现出女性的自然美。另外，要选择滋润度好的产品，方便滋润嘴唇，让嘴唇散发出一种健康的水润感，为整体的妆容添色。

既然是去会朋友，就不要穿职业装

孔子曾经说过："见人不可不饰。不饰无貌，无貌不敬，不敬无礼，无礼不立！"这句话与马克·吐温说过的名言十分相似："服装建造个人，不修边幅的人在社会上是没有影响的。"它们都表达了一个意思，用服饰搭建的个人的形象在职场社交中是非常重要的。但服装的搭配也要讲究场合。如果是朋友聚会，而你却穿着职业装，定然会让人产生压抑感。因此，和朋友见面约会时，最好不要穿职业装，休闲随意最好。

陈默是一家世界500强企业的总监，工作能力十分强，可是他这个人有一个严重的缺点：不苟言笑。不论是在生活中，还是在工作中，他都是一身职业装。他的衣柜里，除了职业装，几乎没有其他衣服，颜色单调，款式相近。

一次，一个与他关系不错的朋友打电话邀请他去参加一个生日聚会。下班之后，陈默没有回家换衣服，而是又在公司加了会儿班，到时间直接去了宴会。当朋友看到陈默还是一身职业装时，无奈地说："你这个工作狂。"陈默微笑一下，上去和大家挨个打了招呼，大家也都讪讪一笑，继续跳舞、喝酒，独留下陈默在座位上。

陈默的经历，让笔者想起著名哲学家笛卡尔说过的一句话：最美的服装，应该是"一种恰到好处的协调和适中"的服装。朋友叫陈默去参加生日聚会而不是商业聚会，当大家都穿着休闲的衣服唱歌跳舞时，陈默穿着职业装是非常不和谐的，自然容易引起大家的反感，没有人愿意和他交流。

职业装，主要是为了满足职场的需要。因为职场是严肃的、利落的，所以为了保持紧张感，提高做事效率，人们通常都喜欢穿职业装，尤其是金融业对职业装的要求更加严格。可是，生活和职场是两个完全不同的场合。生活中的聚会是休闲的、宽松的，穿着中规中矩的职业装，就像是去工作一样，会让人喘不过气来。这也是很多人下班回到家后要换上家居服的原因，因为家是休息的地方，需要放松。

周亮属于建筑行业里的高收入者，工作能力强，性格也好。但是生活中他是个"不拘小节"的人，经常一身破洞牛仔，对个人形象不甚在意。

有一次，公司年会，邀请了市里的几位大领导与一些非常重要的客户。年会上周亮始终穿着他的老一套行头。他一进场，公关部经理就狠狠地皱起了眉头，说："周亮，前几天的通知你没有收到吗？今天的酒会是必须要盛装出席的。你就不能换一套行头啊？"

周亮嘿嘿一笑，说："我就是一个小小的技术人员，又不是什么领导级别的人物，穿什么盛装啊！而且我只有这类衣服，每次穿西服我就会浑身难受，这样就很好了，我已经习惯了。"

公关部经理看着这个年轻人语重心长地说："平常你这么穿没人说你啥，可是今天有很多集团的贵宾，你穿成这样，别人会以为咱们公司制度不严明。你还是别过去了。"周亮不听劝告一边说一边走："谁能看见我啊！"

周亮一进去，其他人都对他投以异样的眼光，没有人主动与他交谈，甚至许多同事都装作不认识他，令周亮十分尴尬。

周亮的经历，告诉我们一个道理：什么场合穿什么样的衣服，朋友聚会穿职业装必然是不合适的，在正式的场合，随随便便穿一身运动装、休闲装更加不合适。像周亮这样的行为在别人看来是非常无礼的。他给大家留下的印象也会是一个无礼的人。

"爱美之心，人皆有之。"大方得体的衣着，通常会给人赏心悦目的感觉，让人愿意尝试与之交往。"先敬罗衣后敬人"，从一定程度上反映了穿着对个人的影响。不是说人们只关注外在美，不关注内在美，而是了解个人的"内在美"需要很长一段时间的相处，而个人的衣着却能最直观地给人一个大体的印象，让人一目了然。

恰当的着装，并不意味着华贵的衣服，事实正好相反，假如只懂追求华贵，而不注重"适合"二字，反而会给人一种庸俗老土的印象。着装最重要的还是整洁大方，能体现人的内在素质。所以，一定要掌握服饰礼节，在不同的场合穿不同的服饰：

1. 服饰应该适合年龄和身份

人的衣着服饰往往和个人的地位、身份以及修养联系在一起。为了给别人留下良好的第一印象，穿着上需要注意与身份、年龄相符。

不一样的年龄要有不同的穿着打扮。我们经常可以看到老者穿一身深色中山装，透着沉着、稳重、端庄、成熟；如果一个年轻人这样打扮，就会让人觉得这个年轻人没有活力，老气横秋。而年轻女性在社交场合穿明黄色或浅绿色雪纺衫，会让人感到青春洋溢、朝气蓬勃，但如果穿在老年女士身上就感觉很轻浮，不大适宜。

不一样的身份应该有不同的着装。一个电影明星打扮得华丽妖艳一点，人们会觉得比较正常，可是一个中学生涂脂抹粉、穿着妖艳就会被认为不伦不类、不合身份了。

2. 服饰应该适合形体

人与人之间有许多差异，有高有矮，有胖有瘦。所以，穿着打扮就要因人而异，并注意扬长避短。人瘦就不要穿黑色的衣服，会显得很单薄。人胖就尽量不要穿白色的衣服，会显得更臃肿；脚长的尽量穿黑鞋子，脚短的要穿白鞋子；方格子的衣服胖人少穿；身材较胖的人可以选择穿竖条纹的服装，这样会显得身材高挑一些。

3. 服饰应该适合时间气候

到什么季节穿什么衣服。也许你新买的是多层保暖衬衣，可以让你在寒冬感觉不到一点寒意。可是，在严肃的场合，不能选择这件衬衣，而要穿上西服。在初冬时节，你即使再冷，即使需要在西服里穿一件毛衣，也别穿着羽绒服与人见面。

4. 服饰应该适合场合

服饰应该和环境相适应，穿衣打扮要注意场合，穿牛仔服、衬衫去参加宴会，人家会觉得你不入流，不论穿戴多么漂亮，如若不考虑场合，也不会被人接纳。比如，当大家都穿便装时，你穿礼服就不恰当。在一些正式场合或者参加公司仪式时，要顾及当地的传统与习惯，顺应各国的风俗民情，尊重各国的国情。

另外，当去教堂或者寺庙这样的神圣场所时，切忌穿过露或过短的服装，而去听交响音乐会或看经典芭蕾舞，就应该着正装。

身上有异味，任何人都不会靠近你

在现实生活中，也会遇到这样的场景：绚丽的灯光下，从远处缓缓走来一位打扮时尚靓丽的女性，所有人的目光都集中在她身上，她立刻成为焦点。而当她慢慢靠近，周围人都不由得皱眉，甚至掩鼻离开，为什么？原因就是异味破坏了她在大家心目中的形象。所以，不论你外表是美是丑，保持干净清新的体味是十分必要的。

李刚是一位活跃在大都市的职场人士，身材修长、脸庞英俊，可就是这样一个帅哥，年过三十了还没有女朋友，不仅如此，他同性朋友也没有几个。不论上下班，还是生活中，他经常是孤单一人。怎么会这样呢？之后，一个同事无意中说漏了嘴，"看着挺帅气的一个小伙，可就是不能靠近，身上一股好久没洗澡的味儿"。

的确如案例中所说，长得再英俊帅气，一旦身上有异味，你的魅力都会大大减少。不论是谁，走近你就闻到一种干净的淡香，会给人留下非常好的印象。当他人靠近你，闻到的是奇奇怪怪的异味，只会对你避之不及。

异味，通常是因为自身散发的体臭，或者是一些化妆品的味道。这两种原因，无论是哪一种都是可以改善的。

春节前夕，铁路运输繁忙，一天下午3时许，列车从北京发车。不久，突如其来的一股臭味令11号车厢的卧铺旅客实在难忍，大家逃也似的离开了车厢。

"怎么这节车厢这么臭啊！""是死老鼠，还是有人带臭咸鱼了？"接到旅客的投诉，当值乘务员和列车长非常重视。乘务员来到这节车厢，果不其然，确实很难闻。她掩着鼻子，顺着这股臭气来到5号中铺。这里躺着一名男旅客，虽然他用被子将自己盖得严严实实，但像臭咸鱼味的臭气还是从被子中飘了出来。原来，这名男旅客脚臭。

乘务员上前劝说，但这位旅客毫无顾忌。旅客怨声载道，都控诉他的不文明行为。最后，列车长亲自找来一双拖鞋，礼貌地对这名旅客说："请您先到洗漱间洗洗脚！"男旅客似乎也觉得自己不妥，只好低着头，穿过车厢走进了洗漱间……

为了尽快将车厢内的臭味去除，两位乘务员破例打开窗户，同时找来空气清新剂喷洒一番，20分钟后这股熏人的臭脚气味才慢慢消失。

其实，汗味、脚臭是造成体臭的重要因素。消除这些异味其实很简单，就在于清洁，勤洗澡、勤换衣袜。有些脚臭是由生理性疾病引发的，要及时使用药物治疗。

口臭也是一种非常难闻的体臭，这种气味不仅会让自己尴尬，也会让他人厌恶，给自己的形象减分。口臭大部分情况下是由不良习惯引起的，因此要饮食规律，不抽烟，不喝酒，注意口腔卫生。还有就是，葱和大蒜等异味食物也会产生口臭。在公共场合下尽量不要吃葱蒜，如果必须吃，吃完就要及时清洁。

据不完全统计，与人交往的必备物品里有一项最新上榜，那就是香水。不仅可以用香水增添自己的仪容色彩，还可以体现自己的生活品位。当然，只有正确选择和使用香水，才可以体现自己身上优雅、时尚、尊贵的气质。假如使用不当，则会适得其反，不仅不能得到他人的欣赏，而且还会让他人厌恶。

1. 了解香水的分类

香水可以分为浓香水、香水、香露、古龙水、淡香水几种，由于浓香水的香精浓度最高，所以它的香气可以保持 5 ~ 7 小时，而淡香水的香精浓度最低，它的香气保持的时间也最短。

2. 懂得选用香水

不管是男性或是女性，其实都可以使用香水。职场中选用香水一般使用清新淡雅的，不建议使用浓香水，因为如果使用不好，不仅不会博得别人的好感，而且会使人因为你身上浓郁的香气而对你产生厌恶感。

3. 掌握香水的使用方法

香水可以适当地喷在干净的头发上。因为如果头发上有尘垢或是油脂，则会使香水变质；还可以把香水抹一点在裙摆的两边；香水喷在羊毛、尼龙这样的衣料上不容易留下斑点，但是不可以喷在棉质、丝质上，很容易留下香水的痕迹；不要把香水喷在皮毛上，香水不仅会损害皮毛，而且会使皮毛的颜色发生改变；去医院探病或者就诊，用浓香水会影响医生和病人；参加严肃的会议，最好使用淡香水；在宴会上，香水涂抹在腰部以下是基本的礼貌。

4. 熟悉香水使用禁忌

香水尽量不要抹在头发、腋下等地方，和汗混合在一起，味道容易变化；不同的香水不要混合在一起，会破坏每种香味独特的调味感；香水是通过化学手段提取出来的，会与宝石或皮革产生化学变化，改变宝石或皮革的颜色。

站要亭亭玉立，不要东倒西歪

俗话说"站有站相，坐有坐相"。姿势礼仪是社交场合中非常重要的一种礼仪。一个人也许没有漂亮的外表，可是如若她拥有挺拔的站姿一样可以让人眼前一亮。

现实生活中，很多人并不十分注意自己的站姿，有些人斜跨腿站，驼背非常明显，让人感觉很没精神；还有些人站立时习惯双手交叉胸前，他们可能觉得这样很酷，可是这种站姿往往给人一种高高在上的感觉；有些人站立时东倚西靠，身躯不正，还经常抖脚……

事实上，站姿在职场中是非常重要的肢体语言。姿态是一种无声语言，可以无声地传递信息，给人带来初次印象；还可以表明你是否对他人、对工作、对活动有兴趣，甚至可以体现出个人是否尊重他人、重视工作、积极参与活动，是否在乎别人的看法。

今天父亲新公司开业，章峰代表父亲在公司门口接待来宾。25 岁的章峰正是青春帅气时，一打扮就更显得精神。然而，章峰有个坏毛病——不管站到哪里，就不停地抖腿。

迎宾一开始，章峰的腿就"哆嗦"个不停，有时候还跟着迎宾曲自动打着拍子，节奏感十足。每一个宾客到来都会先和他握手，之后便不由自主地多看他的腿两眼。

不一会儿章峰的奶奶由姑姑搀扶着进来了，老人家最讲究礼仪了，一眼便看到了孙子抖动的腿。奶奶走近章峰，说："章峰啊，今天是你爸新公司开业的日子，来的人都是你爸生意上的合作伙伴，你的接待工作是非常重要的！"章峰拉着奶奶的手说："奶奶您就放心吧，我保证做好接待工作。"

奶奶点点头，接着说："你今天穿的倒是挺精神的，但是，有个小毛病还是要改一下。"章峰从上到下认真观察了自己一番，没发现有什么不妥，说："什么小毛病啊，我觉得很好啊。"

"你今天这身衣服还算得体，但是你那条腿怎么回事？为什么一直抖呢？"章峰这才注意到，非常不好意思地说："习惯了，没太注意。""这么多客人进进出出，还有那么多媒体，你往这一站，腿抖个不停，像什么样子，让人笑话！"奶奶严肃地说道。

不错！个人不论什么时候、什么场合，都要留心一下自己的站姿。大多数情况下，我们要看一个人的举止是否优雅，第一眼看到的就是他的站姿。

"站如松"是古人提出的标准站姿，假如一个各方面都非常优秀的人站立时含胸驼背，或抱胸叉腰，那他必然会让人觉得不够优雅端庄。

具有良好的气质和风度，必定是拥有良好站姿的人。假如一个男人站在一个女人面前，能让这个女人感觉到他身上那种别样的阳刚、正直的气质，以及散发出的男性魅力，这个男人一定是风度翩翩、令人倾慕的。反之，就会给人留下不好的印象。一般说来，站姿的基本礼仪如下：

（1）在比较正式的场合，立姿应该是挺拔而庄重的。站立时，身体要站正，腰挺直，挺胸收腹，双腿并拢，双脚微分，双肩平直，双目平视，头部端正。

（2）站立时，双手不要拿着物品，要自然大方地放置于身前，垂"手"而立。不可以把两手抱在胸前，也不可以将双手或一只手插在口袋里，那样会显得目中无人。另外，也不可以手夹香烟，吞云吐雾。

（3）站立时双腿不可以"分裂"过大。不论是否有人，不论是立正还是稍息，男士的双腿在站立时分开的幅度都不能超过肩部，分开得越小越好。对女士来说，如果穿裙装，那么站立时双腿需要并拢，否则会很难看。

（4）站立时，双脚要规矩、老实。首先，不可以用脚踢来蹬去。其次，不可以用脚做一些挠痒痒、够东西的动作。最后，不可以把脚从鞋子里"解放"出来。有些人站累了，会把脚踩在鞋帮上或是踏在鞋面上透气放风，这是很不雅的行为。

（5）站立时，要避免不文明、不礼貌的姿势。不要做趴、扶、拉、倚、靠等会显得散漫的动作。当然，标准的立姿站久了，不免会感到疲劳。累了可以调整一下姿势，也可以坐下，但一定不要做一些不堪入目的举动。

坐要稳稳当当，不要松松垮垮

我国从古至今对坐姿都是十分讲究的，最知名的便是孟子因为自己妻子的坐姿不雅差一点休了她。西汉《韩诗外传》记载，"孟子妻独居，踞。孟子入户视之，白其母曰：'妇无礼，请去之'。"何为"踞"，就是说伸开两腿，像簸箕的形状，两腿像八字一样分开，席地而坐。在古代不仅女子这样是大不敬，男子也不可以如此。古人尚且如此，今人更是诸多讲究。在公共场合，如果坐姿不正，必定会遭人耻笑。

李琦是一个性格开朗大大咧咧的女孩，平时对自己的言行十分不注意。男友多次和她说让她注意形象，她总是嫌男友烦，常常以"那样太做作了"、"不拘小节"这样的理由拒绝改正。

春节前，李琦在男友母亲的诚挚邀请下，第一次去了未来婆婆家。进门后，李琦和长辈打了一个招呼，之后就一屁股坐在沙发上，而且跷着二郎腿，不停地晃啊晃……男友瞪了李琦一眼，李琦反而说："我这是把你家当成了自己家，难道你要让我见外一点才好？"

　　李琦不知道的是，她走后第二天，未来婆婆就打电话给自己的儿子："妈妈不同意你们俩继续交往，我想要的儿媳妇是一个端庄大方的姑娘，而不是一个站没站相、坐没坐相的，你看她昨天的表现，哪像一个正经人家的姑娘。"

　　李琦觉得自己这是不和婆婆家见外，殊不知这样"站没站相，坐没坐相"的行为，对于第一次去别人家做客的人来说是十分不妥当的，更何况是去见未来的婆婆。正确的坐姿往往给人文雅、稳重、自然大方的感觉；错误的坐姿像两腿叉开、抖腿等会让人觉得没有礼貌。

　　在《战国策·燕策三》和《史记·刺客列传》中，都记载过荆轲刺秦王不中，反被秦王刺伤。受伤后的荆轲以"箕踞"的姿态骂秦王，为的就是表示对秦王的藐视。"轲自知事不就，倚柱而笑，箕踞以骂曰：'事因此不成者，以欲生劫之，必得约契以报太子也'。"

　　20世纪60年代，美国总统约翰逊访问泰国，在受到泰国国王接见时，约翰逊竟然当众跷起了二郎腿，并且脚尖对着泰国国王，这种坐姿，在泰国被视为受到侮辱，因此引起泰国国王的不满。

　　那么，正确的坐姿应该是怎样的呢？

　　坐姿的基本要领是：入座时先走到座位前，转身把右脚向后撤半步，轻轻坐下，之后把右脚与左脚并齐，上身保持挺直的状态，头正，表情自然亲切，目光柔和，嘴微闭，两肩放松，双臂自然放在膝上，或椅子、沙发扶手上，两脚平落地面，起立时右脚先后收半步然后站起。其中，最常用的有六种坐姿：

　　1. 正襟危坐式

　　适用于最正规的场合。要求：上身和大腿，大腿和小腿都成直角，小腿尽量垂直于地面。双膝双脚完全并拢。

　　2. 垂腿开膝式

　　这种方式男性多用，也比较正规。要求：上身和大腿，大腿和小腿都成直角，小腿垂直于地面。双膝分开，不可比肩宽。

3. 双腿叠放式

这个方式比较适合穿短裙子的女士，造型比较优雅大方。要求：把双腿一上一下交叠在一起，保证两腿之间没有一丝缝隙，就像一条直线。双腿斜放于左侧或者右侧，斜放后的腿部与地面呈45度夹角，脚尖垂向地面。

4. 双腿斜放式

多是穿裙子的女性在较低处就座使用。要求：双膝先并拢，双脚自然向左或向右斜放。

5. 双脚交叉式

这种方式适用于各种场合，男女都可以用。要求是：双膝并拢，之后双脚在踝部交叉。交叉之后的双脚微微内收，也可以斜放，但是不可以向前方直伸出去。

6. 前伸后屈式

这种坐姿适用于女性。要求：大腿并紧，然后向前伸出一条腿，将另一条腿屈后，两脚脚掌着地，前后双脚要尽量保持在同一条直线上。

走要抬头挺胸，不要东张西望

巴尔扎克曾说过："巴黎女子都是走路的天才。"由此可见，法国女人之所以被全世界公认为优雅的典范，也许正是因为她们的走姿。

人生就像是走在T台上，走姿代表着你的一举一动，影响着你的人生。在这个T台上如果走姿不好，自然没有人会在意你；走姿优美，便可以显示出自信与魅力。世界上走姿最漂亮、最耀眼的应该要算时装发布会T台上的模特了，当"麻豆"们穿着华丽的服饰、迈着夸张的猫步走上T台时，不仅满足了人们的视觉需求，更能让设计师的时装卖出天价。其实，不仅是模特，就是最普通的人，走路有型也能被人多看一眼。

据说，中国台湾著名男歌星费翔的爸爸是一名摄影爱好者。在中国台湾当兵时，他无意中拍了张照片，一下子就被照片中的人迷倒，随后便展开了猛烈的攻势，最后和她走进了婚礼的殿堂。其实，费翔的妈妈长得并非国色天香，而是一副邻家女子的样子，但是走路很有气质，费翔爸爸就是相中了她的走姿！

美国有本小说《后街》，讲的是一个小三与一个有妇之夫的恋情：

每到周日，男主人公就回到妻子身边。为了打发周日一整天的无聊寂寞，女人就会漫步在那条有许多咖啡馆的小街。她并不打算勾搭别的男人，只是单纯地炫耀一下自己的走姿。她长得并不很漂亮，但宛如舒曼小夜曲般的曼妙走姿却非常吸引人。笔者大量描写女主角走路的动态美，引起了许多读者对走路方式的关注，最后竟然成了一本畅销书。

这两个案例，都在向我们说明行走礼仪的重要性。

生活中经常听人说："你看那人走的频率这么高，办事也一定很利索。"其实是有道理的，行走是人的基本动作之一，它可以体现人的精气神儿。行走姿态也可以反映人的内心境界与文化素养的，并可以展现出个人的风度、风采与韵味。

我国历来十分讲究走姿，从古语中"行如风"就可以看出这一点。中国古代不仅注重坐相也注重走相，"足进为行，徐行为步，疾行为趋，疾趋为走。"这是说走相也分好多种，什么场合采用什么走相，才符合礼貌的要求。

所谓"室中之时，堂上之行，堂下之步，门外之趋，中庭之走，大路之奔"。"趋"就是指快步行走，这种走相是为了表示对尊、长、贵、宾者的尊重。正因为走姿可以反映个人的精神面貌，所以，当今人际交往场合中，最看重的是走姿是否自信。

那么，怎样才能锻炼出自信的走姿呢？

1. 掌握走姿的基市要领

走姿的基本要领是：以胸领动肩轴摆，提髋提膝小步迈，跟落掌接趾推送，双眼平视背放松。练习走姿时，需要注意以下几个细节：

（1）头正：双眼目视前方，面带微笑微微收下巴，表情自然。

（2）肩平：双肩持平，手臂自然放松，手指自然弯曲，手臂向外摆动不可以超过 30 度，前后摆动的幅度为 30~40 厘米。

（3）身挺：挺胸收腹，上身挺直，重心前倾。

（4）步位直：女士走路时最理想的步位是两只脚走一条直线，男士是走出两条平行线。

（5）步幅适度：步幅的标准是，一步之后，两只脚之间的距离恰好等于自己的脚长。

（6）步韵平稳：走路要用腰力，要有韵律感。女士走路，和男士走路还不一样，不仅要有韵律感，还要步履轻盈，走得柔美。

2. 不同着装、场合的走姿

（1）走姿与着装关系密切。如果是以直线条为主的服装，走姿应该是舒展、矫健而飘逸的。例如，穿西装要注意身姿挺拔，双肩平稳，行走时两腿要直，步幅可以大一些，手臂自然下垂，自然摆动。假如女士要穿旗袍，旗袍是为了体现女性的曲线美，所以就要走出女性的柔美，身体挺直，胸微含，下巴微收，走路的幅度不要太大。

（2）不同场合走姿略有不同。如若迎接宾客，则步伐应稳健大方；要是参观展览，脚步应缓慢轻柔；假如是参加喜庆活动，步态可以轻盈、欢快些；而要是参加吊丧活动，步态宜缓慢、沉重；如果是办事联络，步伐一定要快捷、稳重，这样可以给人以效率高的感觉。在办公场所，脚步应轻而稳，除非有十万紧急的事，可以小跑代替走路。

3. 走姿禁忌

（1）脚尖朝前，双脚应笔直地走。抬头挺胸，双手前后轻摆，不可以松松垮垮，或者拖着脚走路。脚步应该从容和缓。赶路时，也不要走得火急火燎，避免急促的步伐。鞋跟不可以发出太大的声响。

（2）眼光直视前方，不可以左顾右盼，途经镜子前不能梳头、补妆或整衣冠。

（3）不要成群结队，勾肩搭背，不仅妨碍他人交通，而且有碍观瞻。

第八章　做客礼商：懂得为客规矩
自己会更受欢迎

去他人家做客，要选择合适的时间

有这样一道题：

如果你打算在春节前去拜访一下好友，你会选择什么时候：

A. 早上 7 点　B. 上午 10 点　C. 中午 1 点

D. 下午 4 点　E. 下班时间　F. 晚上 8 点

相信懂得礼仪的人，一定不会选 A、C、E。为什么？早上 7 点，人们刚起床或者在上班的路上，谁会搭理你？中午 1 点，刚吃完饭，人们一般都会休息一下，这时候打扰人，很容易引起人们的厌烦；而下班时间 6 点，人们都急着下班回家或者应酬，谁还有空接待客人？

与人交往，少不了到别人家做客。可是，到别人家做客也是有讲究的，冒冒失失而去，不仅可能找不到人，还可能会影响人家休息或工作。因此，到他人家里做客，就要选择合适的时间。

周末，夏利邀请贝贝到她家做客，一起看电影，一起做蛋糕。贝贝得到邀请后一大早就匆匆忙忙起床，迅速把自己收拾利索。贝贝觉得看个电影需要两个小时，做蛋糕需要一个小时，现在这个时间过去不算早，于是就出发了。到了夏利家时，刚九点。

贝贝敲门，可是敲了很长时间，夏利才穿着睡衣慌忙跑过来开门。在打开门的一瞬间，贝贝就觉得十分不好意思，因为夏利和她老公才刚刚起床，夏利甚至还没来得及洗漱，家里一片狼藉，看到这些，夏利和贝贝都觉得十分尴尬……

像贝贝这样的尴尬虽然不是每个人都曾遇到，但是可以想象得到，比如，当你上门拜访时，正巧碰到人家一家人正在吃团圆饭，邀请你一起吃，你自己刚好吃过；或是，你与这位朋友还没有熟悉到可以随便在别人家进餐的程度。这时的你，就会非常尴尬。或是，当朋友正在画油画时，你突然来访，放下吧，油画没有画完；不放下吧，又不能当着你的面继续画。这时，你会觉得自己打扰别人了……

图 8-1

资料来源：公司员工拍照。

之所以出现如此尴尬的情况，是因为你拜访别人的时间不合适。在一个不恰当的时间，来到别人的家，不仅给自己，同时也给对方带来尴尬。还有就是，即使是在受邀请的情况下去别人家做客，也尽量不要像贝贝那样。去之前，要先跟对方通个电话，算是一种提醒和暗示，让对方早做准备，避免遇到一些尴尬的情况。

去朋友家做客，虽然是一件很平常的小事，但是却包含着许多礼仪知识，要想成为一个受欢迎的客人，就必须要了解以下礼仪：

1. 做客前，学会预约

如果没有紧急或特殊情况，做客前要与主人取得联系：咨询主人是否在家，是否有时间；如果这次没有时间，那么什么时候才有时间，确定下一个确切的时间。之后，在对方同意的情况下确定具体拜访的时间、地点，并说明做客理由，给对方一个准备的时间。

需要注意的是，一定要尽量避开吃饭和休息，尤其是午睡时间。如若是周末，要上午 10 点之后再打扰别人。

2. 按时到达

做客的人要准时到达做客地点，没有特殊情况最好不要迟到，避免让主人等候。当然，最好也不要早到，避免主人未做好准备而尴尬。

迟到是一件很失礼的事，特别是作为被邀请的人。每个人的时间都是很宝贵的，你的迟到会造成别人的等候，就仿佛是在浪费别人的生命。

3. 叩门按铃

进门之前，要先处理干净鞋上的泥土，再按门铃或敲门。敲门时，要注意把握好力度与节奏，万万不可用力敲打或用脚踹门。

4. 进门问候

到达主人家门口，不可以直接推门进屋，要在进门之前先问候一下，除了向主人问候寒暄之外，还要与主人的家属打招呼。

5. 接受烟茶

到别人家做客，当主人端茶递烟过来时，要起身道谢，双手接过；主人端上的果盘食物，要待年长者动手之后再动手；果皮要放进垃圾桶里，烟灰烟蒂要弹进烟灰缸。

6. 谈话要专心

在和主人谈话时，要专心，不可以左顾右盼，或玩手机，更不要在房间里走来走去，一边溜达一边与主人交谈。

7. 辞行的机会

在与主人谈话的过程中，假如发现主人心不在焉、蹙眉皱额或不时看表，来访者应该懂得这些动作的含义，要及时"刹车"并告辞。

8. 告辞的方式

告辞也是要讲究时机的，在自己说完一段话之后再说告辞，不能等主人或是其他人说完一段话之后说告辞，这样会显得很突兀。还要注意，告辞前不可以有打哈欠、伸懒腰这些举止。提出告辞后，主人常常会说上几句挽留的客套话，如若没有非说不可的话，就立即起身。

9. 告辞时，也要有礼貌

告辞前，需要对主人的热情招待给予真诚的肯定，并说一些"打扰了"、"添麻烦了"、"谢谢了"之类的客套话。假如有必要，还可以说些："时间过得真快，两个小时不知不觉就过去了"、"谢谢您的招待，和您说话真是一种享受"、"请您以后多指教"、"希望有机会还可以聚一下"等。

另外，还有一点也是需要了解的，告辞之前要淡定，不要把着急写在脸上。辞行时应该和主人以及家属握手并点头致意。假如来访的客人不止你一个，你有事需要提前离开，要低声和主人告辞并表达歉意，以免惊动其他客人；假如已经被其他客人发现了，就要礼貌地致歉并告别。

在他人家里，不要乱动、乱翻、乱说话

从小，父母就教育我们"不要随便动别人的东西，不要给别人添麻烦"，这是做人的基本修养，只有从生活中每一件小事认真做起，时常告诫自己，时常想想别人，才能得到别人的欣赏与喜欢。到他人家里做客，看到什么就翻什么，看到什么就想动动，即使主人不说什么，心里也会觉得不舒服。

一个名牌大学的毕业生参加某公司的最后一轮面试，随手拿起一支圆珠笔玩，结果惨遭淘汰。其实，这个应聘者初试、复试的成绩都不错，甚至最后一轮面试时，与人事部经理、技术部门经理谈得都不错。仅是在实验室参观时，随手拿起一支圆珠笔把玩就被淘汰了。

看完这个实例，大家都会为那个大学生惋惜。不论那家公司是否是一个大公司，因为手欠而丧失掉一个很好的工作机会都是一件令人惋惜的事情。同样，出门做客，也不能随便动别人的东西，这不仅不礼貌，也许还会无形中被减掉印象分。

在孩子很小时，父母就会告诉孩子许多规矩，比如到别人家做客，不要等到中午吃饭再回来，不能翻别人的东西；假如想玩别人的玩具，必须得到主人的同意；他人到自己家做客，给你带来了礼物，在客人走之前不许打开等。为什么我们长大之后就做不到这一点了呢？

郑金和陈关两人小学时就认识，并结下了深厚的友情，现在的感情依然不减当年，过年过节两人经常一起旅游，互相请客道贺。因为两人过于亲密，有时候在一些礼节或行为习惯上就不十分注意讲究。

郑金属于那种不拘小节大大咧咧的人，在这个朋友面前更是"不客气"。上学时和陈关住一个宿舍，郑金常常和陈关互用彼此的东西，吃饭时用陈关的饭盒，口渴了拿起陈关的水杯就喝，甚至有时候困了就在陈关的床铺上倒头大睡。对此，陈关从不计较，铁哥们儿嘛，你的就是我的。

但现在陈关结婚了，陈关的妻子可不是一个大大咧咧不讲礼数的人，对郑金的表现尽管嘴上不说，但心里一直在抱怨陈关怎么交了这么个朋友。这天，郑金满头大汗地推开陈关家的门，说家里没暖气，临时在陈关家暂住几日。不等陈关和妻子问明事因，郑金就顺手拿起身旁的毛巾开始擦汗，接着从床底下找出陈关的拖鞋换上了……陈关瞟了一眼面色不悦的妻子，尴尬得不知说什么好。

生活中，经常可以看到这样的情景，朋友之间因为关系好，将一些个人物品或钱财当成"共同财产"是很正常的。朋友之间友谊深厚，友情亲密，非常难得。但是，一旦结婚，那就是不仅是朋友个人的事情了，如果再随意动别人的东西，便显得失礼了。

一部分人认为，能不能随意使用别人的东西要看彼此之间的关系。在那些人看来，如果关系足够铁，就意味着他们可以无界限地介入别人的生活。

倒不是说他们不懂得尊重别人，而是他们非常容易受感情的影响，从潜意识里混淆了独立个体的意义。他们会觉得我们关系好，所以对于一些小事情，就不要那么讲究了。甚至还存在这样一种思维，我之所以没有经过你的容许便动用了你的东西，就是由于我把你当成了好朋友。

从人情的角度讲，貌似也说得过去。但从根本上来讲，这种逻辑是不对的，是颠倒的。但关键是这种分寸与界限并不容易把持，什么才算是不重要的东西，在翻动东西时，谁就能保证不会触碰对方的真正隐私呢？因此，这对彼此关系来说，算是一种情感隐患。

多体谅，不要给主人增添额外的麻烦

不给他人添麻烦，是中华民族的传统美德之一，但这种美德的影响力近来却有所减弱。一位朋友在总结中国和日本国民素质差别的时候，举过这样一个例子：

中国人去参加大型的露天聚会，不论是足球赛还是明星演唱会，留下的都是一个垃圾场，日本人却是去时什么样，走之后还是什么样。日本国民经常挂在嘴边的一句话是：不给别人添麻烦！所以，日本的街道非常干净，垃圾分类也做得很好，因为他们不想给环卫工人制造不必要的工作负担！

不仅日本人，欧洲很多人都是以"不给别人添麻烦"作为自己的原则。他们在生活中会努力做好自己的事情，能不麻烦别人就不麻烦别人，就算是去别人家做客，也不会随意提要求，给主人增添额外的麻烦。

他们不仅自己这样做，同样也这样教育孩子。孩子小的时候，就会给孩子灌输这种思想：不要给别人添麻烦。在家庭日常生活中，会不断强化这种思想意识。比如，上学出门，家长会告诉孩子前一天要听天气预报；出门游玩的时候，家长会让孩子自己背个合适的行李包……这样做，是为了让孩子知道，自己可以独立完成的事情就要自己独立完成，能不给别人添麻烦就一定不给别人添麻烦。

在很多国家，不光把"不给别人添麻烦"看作一种行为规范，有时候更是把这句话当作一种道德修养。在我国人们心中，这样的认知有待强化。

在生活中，许多人去别人家做客的时候，指使主人做这做那，觉得这样是不把自己当外人。殊不知，你一次次这样要求，麻烦主人，会慢慢消磨掉他们对你的耐心与好感。

陈晨是一个山东人，山东大汉性子爽快，也不爱计较。

陈晨有一个关系非常好的朋友，春节前夕，陈晨放假回到家里，闲着无聊，就去这个好朋友家做客。到了朋友家，陈晨不换鞋就进了门，那天下了雪，鞋底上都是泥，朋友看到这里，说了一句："你小子就不能把鞋换一下啊！"陈晨嘿嘿一笑："一会儿让你媳妇儿再墩一下地不就得了，咋了，舍不得让你媳妇儿干活啊？那你自己去。"

陈晨是个老烟枪，一会儿不吸烟就难受，正巧那天的烟抽没了，便问朋友："你烟呢？不抽了啊？"

"戒了，准备要孩子。"朋友笑着说。

"不抽太憋得慌了！"过了一会儿，他忍不住说："弟妹，还得麻烦你去楼下的超市买盒烟还有啤酒啥的，我们哥俩好好喝点。"

朋友的媳妇儿微笑着说："好，我马上就去给你买，至于酒，我家里就有，等一会儿回来，我给你俩好好炒俩菜……"朋友媳妇儿微笑着出了门。

大门关上之后，朋友媳妇儿的脸色瞬间就变得非常难看，一边走一边嘟囔说："交的什么朋友，麻烦死了，一来就不得安生！"

其实，陈晨犯了做客的大忌，去朋友家做客，不要提一些额外的要求。正是因为关系好，才不应该挥霍你们之间的情谊。中国人性格比较内敛，对客人的要求都不好拒绝，来做客还不满足客人的要求貌似会显得有些小气，但是事后却会对你有意见。那么，在去别人家做客的时候，怎样做才可以不给主人增添额外的麻烦呢？

1. 尊重主人家的生活习惯

去别人家做客，不论是在生活上，还是在饮食上，都应该做到客随主便，尊重别人的生活习惯，更不要将自己的生活习惯强加给别人。强加给别人，就会给别人带来非常大的麻烦。既然你是来做客的，只要按照主人的想法做就行。

2. 替主人分担一些工作

若是准备留在别人家吃饭，千万不可以等着吃饭，看着主人忙里忙外、不停张罗。不让自己忙碌起来，会显得不懂事，没有礼貌，不了解主人的辛苦。其他的帮不上忙，还可以帮忙洗洗菜、洗洗碗等，做一些小事情。

3. 不要提一些额外的要求

现实中，许多人在做客的时候，总是会提许多要求，这不是一个懂礼貌的人应该做的。要知道，你提了要求，尽管人家嘴上不拒绝你，但心里早已经不乐意了。

掌握好时间，不要一坐就是一整天

走亲访友是人之常情。通过走动可以交流信息，增进情谊。长时间不走动，朋友感情容易淡化。一般过节放假的时候，大家都有闲暇的时间，可以去找老同学、老朋友好好地聊聊天、聚一聚。但是切记要把握好度，一定不要一待就是一整天。

有一天，听同事楚心说，她家来了一位非常啰唆的亲戚。这个亲戚在她家一坐就坐到了半夜，还不停地说着上天不公平，还说自己在单位怎么怎么被排挤，以及工作之后的诸多不如意。时间已经很晚了，也不准备告辞，楚心也不好意思撵人，于是就哈欠连天地听着。

因为没有休息好，楚心第二天上班迟到了，全勤奖就这样没了。楚心现在一看见这个亲戚就犯怵。这位亲戚自己痛快了，却全然不顾楚心是不是有兴趣。

其实，我们很多人都遭遇到楚心这样的事情，没有人会喜欢"屁股沉"的人。我们不是不喜欢招待客人，而是不喜欢招待这样不懂礼仪的客人。

"沉屁股"这个词形容得多么形象，形象地刻画出了一些客人的"韧劲儿"。这种客人去别人家做客短则几个小时，多则半天，就跟屁股沉得起不来一样。当然这只是一个比喻，实际上反映了主人的无奈。

其实，只要是主动登门拜访的人，出发点都是好的，都是冲着叙叙旧、交流一下感情或道声"新春吉祥"来的。做主人的自然不可以怠慢，端茶倒水、瓜子水果都是必不可少的，有时候，甚至会热情地张罗一桌子好菜来招待客人。甚至，陪着客人一起说说话谈谈心。

张思思就是一个典型的"沉屁股"，甚至还有个习惯，去别人家还不提前说。

有一天，张思思去小金家玩。到小金家的时候，正赶上小金打算去奶奶家，一看她过来了，也不能怠慢，只能晚点再去奶奶家了，先陪着她。不成想，张思思一待就不走了，不光聊一些无聊的问题，还随便吃家里的东西，瓜子嗑了一地，家里不一会儿就变得乱七八糟。她走后小金才松一口气。

当有客人的时候，大家都会像小金一样，尽心尽力地招待，但是要遇上像张思思一样，不懂得尊重别人，更不懂得心疼别人的人，下次就找借口不要让他来了。

主人对客人招呼得周到，客人理应也要心疼一下主人，正所谓"俩好并一好"。与客人聊天，半个小时左右或者喝了一两杯茶之后，就差不多要准备收拾回家了。

休息时间，大家好不容易有几天空闲，谁都想在闲暇时候享受一下私人空间或者与自己的父母一起做顿饭。就算他人有时间，也很真诚地欢迎我们去做客，我们也应该把握时间，注意火候，将诚挚的问候送到就达到了做客的目的。

千万不要不把自己当外人，在别人家里自得其乐，或谈心谈到夜幕沉沉，抑或一副一醉方休的样子，拉着主人从中午喝到晚上。没有丝毫不好意思的做客方式，对主人的耐心真是一种考验。

1. 拜访时间不宜过长或过短

一般关系的拜访应该尽量控制在半小时左右，临时性拜访最好是 15 分钟左右。假如时间过短，对方会觉得你比较敷衍。如若主人有看表、打哈欠这样的谢客表示，或者是快到吃饭时间，你作为客人就要有告辞的准备。

起身告辞时，要向主人表示"打扰"的歉意。出门之后，要记得主动伸手与主人握别，说："请留步。"等到主人留步之后，走出几步，再回首向主人挥手致意："再见。"

2. 找准时机告辞

在与主人谈话的过程中，如若发现主人心不在焉、叹气或蹙眉，就要懂得及时告辞。假如主人有新客人来访，要与新客人打个招呼，尽快告辞，以免妨碍他人。

读懂主人的客套话，不要太实在

关于客套话，很多有职场经验的人都知道，面试官的有些客套话是不可信的！

比如，招聘人员收下应聘材料后，如果说"材料先放在这里，有消息会通知你"，对方多半对你不感兴趣。面试结束前，如果对方面无表情地说"我们会通知你"，往往不会收到录用通知。如果对方热情地和你握手告别，或者说"欢迎你应聘本公司"，多半有戏。

职场如此，做客同样也不能忽视了"客套话"！语言是一种比较复杂的艺术，如何理解主人的话，对客人来说非常重要。只要仔细琢磨主人语言中流露出的一些"蛛丝马迹"，就可以判断对方究竟是什么意思。

现代交际中，衡量人整体素质的重要标准已经从学历演变成说话的水平与能力了。会不会说，能不能说，影响着一个人的成败。会说话的人，总是容易获得他人的青睐与认可。

客套话是言语礼貌的直观表现。李明洁教授认为："一个正常社会的人际关系如果失衡了，第一表象往往就是客套话的消失。"随着社会的发展，社会结构的慢慢转型，人们的生活节奏也变得更快，礼貌失范现象也逐渐变多。

德国知名汉学家卜松山就中国文化撰写了一本《发现中国》，该书中译本于 2016 年 4 月出版。该书在"客套"这一小节中记录了这样一个疑问："中国人在交流时经常是彬彬有礼的样子，这背后到底有什么样的范式？假如与中国人面对面交流，那么在言语上应该注意些什么？"

对这个问题，有的中国网友评论说："我们以后不再需要客套话来'粉饰门面'了，它已经过时且累赘，说话就应该直奔主题。"也有网友反驳说："客套话是必不可少的，否则生活中的矛盾会日益增多，而且它已经成为了许多人说话时的习惯用语，不可能弃之不用。"

在沟通变得日益重要的经济时代，说话已经不只是人们日常生活的重要组成部分，更决定着一笔生意的成功与否，影响着一个人事业的成败。会说话的人往往可以结交很多的知心好友；会说话的人往往在职场游刃有余；会说话的人魅力无限。

客套话如今已经变为一种生存智慧。也许有人会说，这不是欺骗人吗？不，这是一种"必要"。如果当面拒绝的话，会让对方很难堪，而如果你说"我会尽量帮忙"、"有什么问题可以来找我"等，不会马上得罪人，之后再用客套话先打发会让人心里没有那么难以接受。总之，就是"缓兵之计"。

图 8-2

资料来源：东方 IC。

关于"客套话"的争论近几年一直是一个非常热门的话题。客套话充斥在人们的日常生活中，中国是礼仪之邦，客套话作为一种礼仪表现形式一直存在着。什么场合说什么话，都是有讲究的。比如，酒桌上经常会听到一句"先干为敬"，这句话一说出来就会让对方感受到敬酒者的诚意；在工作中，我们经常会听到"有什么困难尽管来找我"，会让对方感受到你的热情与温暖；在各种节日里，一句"……节日快乐"就是大家对彼此最好的祝福；在信件的末尾，一句"此致敬礼"或"静候佳音"也表达了写信者的礼貌和期待。

1. 职场上的客套话

在工作场合中，经常可以听到领导说"有什么问题过来找我"、"你的事情包在我身上"，其实，这些话就是职场中的客套话。尽管领导并不一定会这样做，当下属有事找他时，他不一定会尽全力帮忙，但是这些话却可以使下属感到心里舒坦，踏实很多。

2. 酒桌上的客套话

在酒桌上，客套话更多。"感情深，一口闷"，"酒是粮食精，千万要小心……酒比粮食贵，千万别浪费"。设想假如有一天酒桌上没有这些客套话了，酒桌上会是一幅什么情形？也许你就只能闷头喝酒。是这些客套话活跃了酒桌上的气氛。

3. 正确地对待他人说的客套话

笔者身边的一个朋友经常说，我最讨厌那些客套话了，虚伪。其实笔者特别想告诉他，听到他人说的客套话时，不要太当真。客套话既然是为了撑面子而存在的，当然不会像实在话那样可信和可靠。假如你听到了称赞和恭维这样的客套话，这时候你需要保持冷静和客观，不可以因为这些客套话而洋洋得意；假如你听到的是别人满口答应的客套话，更要摆正心态，希望越大，失望也越大。

4. 学会判断客套话

要把他人说的正式承诺和客套话区分开来，要听懂客套话。那么，要怎样判断对方说的是不是客套话呢？并不难。假如你在他说完之后多次去找他，他都表现得很推拒，或者总是找一些借口，闭口不谈主题，那么他说的就是客套话。分清他人说的是不是客套话，你才好应对，不至于因为客套话耽误了正事。

有客来访，就要将屋子收拾干净

有些人平时将自己收拾得干净利落，可是家里却一团糟。当然，我们不能对任何人的生活习惯进行点评，但如果有人到自己家里做客，提前将屋子收拾干净，也是对客人的尊重。

刘雯雯有几个关系不错的同事，周末同事们说要来她家做客。刘雯雯准备了不少好吃的，让大家过来尝尝她的厨艺。同事们受到邀请，自然很开心。

周末上午，几个同事相约来到刘雯雯家里。然而让大家非常尴尬的是，刘雯雯家里乱七八糟，一片狼藉，一大堆脏衣服杂乱无章地堆放在沙发上，几双拖鞋凌乱地扔在地板上，茶几上摆放着瓜子和一堆瓜子皮以及果皮……

再看刘雯雯的反应，刘雯雯不好意思地讪讪一笑，说道："快进来啊！我们家里比较乱，大家不要介意啊！"刘雯雯一边招呼客人，一边张罗着给大家做饭，然而厨房脏得一塌糊涂，角落里放着一大堆垃圾，前一天用过的脏碗筷，静静地躺在不锈钢水池里，大家勉勉强强吃完一顿饭，就回去了。

事后，大家一致表示，再也不去刘雯雯家做客了，觉得她一点儿都不重视自己。

刘雯雯明明是热情地邀请大家来做客，但是忽略了打扫家里的卫生，以至于让客人误会，以为她对客人不尊重。不管任何时候，当你邀请客人来做客时，一定要提前将家里的物品收拾好，屋子里一定要收拾得干干净净，保证地板是明亮的，茶几是整洁的，碗筷都收拾到干净的橱柜里，招待客人用的茶具都非常洁净，即便家里有脏衣服或者其他物品，也要妥善地放置在不显眼的角落。

俗话说："有朋自远方来，不亦乐乎。"邀请朋友来家中做客，是件非常开心的事情，但是事实上，并不是每个人都能注意到这些细节。要知道，做一个热情好客、礼数周全的主人才是最佳的待客之道。那么，怎样做才算得上是一个热情好客、礼数周到的主人呢？

1. 打扫卫生

一旦有客人来访，如果是事先约定好的，就应做好迎客的各种准备。如个人仪表仪容、居室卫生、招待客人用的茶具、烟具以及水果、点心等。如果客人不告而至，也应尽快整理一下房间、客厅，并对客人表示歉意。

2. 迎接客人

如果客人是在约定时间到达，主人应该提前到门口迎接，不要在屋里静候。如果客人是突然登门拜访，也要热情相待，欢迎光临。这时，如果你还没有整理房间，也不必慌张，向客人说声抱歉，再适当收拾，但不要立即扫地，因为这样有逐客之意，客人会以为自己是"不受欢迎的访客"。

3. 问候寒暄

见到客人，我们要热情洋溢地打招呼。如果客人手提物品，要主动接过物品，表示感谢。对于年长者或体弱者，要主动上前搀扶，引导来访者进入客厅。进入室内，要把最佳位置让给客人坐；如果客人是初次来访，应向其他家人或客人做介绍。这时，我们要面带微笑，步履轻松，不能有疲惫心烦之相。

4. 敬茶、敬烟

如果来客是男士，在征得现场朋友尤其是女性朋友同意的情况下，通常只要男来宾一落座，就要立即敬烟。敬烟忌用手直接取烟，应打开烟盒弹出几支递到客人面前，请客人自己拿烟，同时不要忘了给客人把烟点上。

泡茶时，先要清洁茶具；斟茶时，每杯茶以茶杯高的 2/3 为宜，不要倒得太满。同时，应双手捧茶，放在客人的右手边上方。用手指捏住杯口向客人敬茶，既不卫生，又不礼貌。敬茶时要先敬位尊的长者。

5. 陪客交谈

客人入座后，奉上烟茶糖果，聊天就成为我们的主要目的。话题内容可根据实际情况而定，一般来说，应该谈一些客人熟悉的事情、客人感兴趣的事情；与客人交谈时，要让客人畅所欲言。作为主人，则要认真倾听客人的观点，不要打断客人的谈话。若因为忙而无法陪客人说话，可安排他人代陪，或提供报纸、杂志，或打开电视供客人选择频道。

6. 送客要有礼节

当客人准备告辞时，主人应婉言相留。客人要走，应等客人起身后，主人再起身相送，家人也应微笑起立，亲切告别。千万不要在客人起身前，主人就起身送客。

若客人来时带了礼物，应再次提及对礼物的感谢或回赠礼物，并不忘提醒客人，是否有东西遗忘，或有什么事需要帮忙。送客时，应送到大门口或街巷口，千万不要跨在门槛上与客人告别，或者客人前脚一走就"啪"地把门关上。

7. 待客的禁忌

中国有五千年的文化底蕴，中国人讲究待客之道，特别是给客人倒茶时，不能将壶嘴对着客人，因为"壶嘴"的谐音是"虎嘴"；点烟时，也要忌讳一根火柴连点三支烟；宴请客人时，主人要自始至终作陪，不能提前离开座席，更不要将桌子上的空碗空碟拿走，或擦桌抹地，这些都是"逐客"之举。

做到了以上这些要求，你基本上就成了合格的主人，相信前来拜访你的朋友也会越来越多，你的人气也会越来越高。

客人带着孩子来，就要让孩子有事可做

人到中年，为了联系亲人朋友，很多人都会主动带着孩子去串门。可是，孩子们由于年龄小，通常很难跟大人坐在一起聊天。这时候，最好给孩子找些事情做！否则，大人之间的谈话很容易被接二连三地打断。

"五一"长假期间，胡凯带着六岁的儿子星星去朋友家做客。胡凯知道，自己的儿子平时就喜欢调皮捣蛋，对什么事都好奇，在去朋友家的路上，就一再地叮嘱儿子："儿子，一定要规规矩矩的，到了别人的家里，一定要有礼貌！"儿子有点似懂非懂地点点头。

到了朋友家，星星一直乖乖地坐在胡凯身边，听着大人谈话。两个大人聊得很开心，完全忽略了身边的小孩子，没过多久，星星就用可怜巴巴的眼神望着爸爸，说："爸爸，我们走吧！"

"乖，等等！"胡凯和朋友都这样对孩子说，两个人继续天南地北，谈笑风生。又过了一个小时，星星又一次表示抗议："爸爸，咱们回家吧……"

孩子的每一次抗议，都被大人拒绝，几次之后，小家伙越来越不高兴，不一会儿居然"哇"地一声大哭起来，他一边哭，一边说："爸爸，我要回家找妈妈，不要在这里玩。"

这个小家伙为什么这么闹腾，闹着回家找妈妈？关键是这位主人没有照顾到孩子的情绪。作为主人，当客人带着小孩子来做客时，千万不要一味地和大人谈笑风生，也一定要照顾到身边小孩子的情绪。

“有朋自远方来，不亦乐乎？”“烹羊宰牛且为乐”。当客人带着孩子来时，作为主人一定要礼数周全，尽量照顾到每个人，尤其是孩子。孩子年龄小，跟大人很少有什么共同语言，也不可能陪着大人一聊就是几个小时，怎么办？最好给孩子找点事情做，比如，玩玩具、看电视、吃点好吃的等。那么，当客人带着孩子来时，如何才能照顾到孩子的情绪呢？

1. 给孩子找事情做

大人坐在一边谈话，孩子怎么可能对大人话题感兴趣，自然会觉得无趣，这样一来，不免会厌烦、发脾气，甚至哭闹。如果主人能给孩子找一些事情来做，自然就不会出现这一情况了。小陆就是这样一个聪明、能干的女主人。

一次，朋友带着孩子来家里做客。小孩子调皮捣蛋，时不时打断她们两个人的谈话，两个大人的话题无法继续。

小陆就笑吟吟地将小家伙拉到自己身边，说：“宝贝，你最喜欢玩什么？阿姨这里有很多玩具，要不要跟阿姨一起去看看？”听到小陆阿姨说有玩具，小家伙突然来了兴致：“好啊，太棒了，我喜欢玩积木。”小陆拿出来一大堆积木，还有小汽车，小家伙玩了起来。

然而，过了不大一会儿，孩子就玩得有点烦了，噘着嘴，不高兴地说：“不玩了，没意思。”小陆又拿来了纸和笔，说：“阿姨听说你画画可好了，要不要给阿姨展示一下？”听后，小家伙兴致勃勃地画了起来。

给孩子一些事情做，孩子高兴了，客人才会尽兴。

2. 让家中的孩子带着小客人去玩

当客人带着孩子来做客，如果自己家里恰好也有孩子，一定要不失时机地让自己的孩子带着小客人去玩。孩子们天生喜欢玩，很容易打成一片，只要孩子玩得尽兴，你的招待就是成功的。

3. 要用宽阔的心胸理解孩子

一般来说，孩子自我的认知能力和自制力都很有限，习惯将别人的家当作自己家看待，认为别人的也是我的；同时，控制力也很差，只顾自己玩得开心，其他的都不管。再加上，每个孩子都有好奇心，不管家里那些东西贵重与不贵重，都要拿来玩，喜欢动这动那，喜欢将玩具拆开、摔烂……当小孩子犯下错误时，一定不要责怪，要用宽阔的心态理解孩子。这样，自然会赢得客人的好评。

4. 切勿指桑骂槐

很多时候，自己的孩子与小客人在一起玩耍时，难免会出现忘我状态，疯狂时甚至会打坏家里的东西。此时，很多主人都不好意思责备小客人，只能杀鸡给猴看，打骂自己家的孩子，斥责孩子不乖。作为主人，不知道你们有没有想过，孩子毕竟是孩子，怎么会听懂大人的弦外之音？孩子的自尊心一旦受到伤害，快乐的情绪就会消失。

5. 避免当众责骂孩子

虽然是小孩子，但也是有自尊心的，即便是自己家的孩子，带头惹事，作为主人也不要当着众人的面，责骂孩子。在小朋友们面前，要给孩子留一点面子。等客人们走了之后，再和孩子讲道理。这样，孩子才能虚心接受，下次才会引以为戒。

6. 有事和孩子商量

其实，很多大人都会忽视这点，认为小孩子知道什么。其实，小孩子也有自己的想法，有些事情，大人和孩子商量，才能提高孩子的认识；处理问题时，要让孩子感觉到，自己得到了大人的尊重。

7. 时刻注意安全

如果知道有小孩来做客，就要把危险贵重的物品收好，易碎的物品也要收藏好，放到孩子看不到、拿不到的地方，该锁的抽屉也要锁好，煤气或者其他危险品也要管理好。同时，还需要注意，不要把孩子单独留在家里，要对孩子的安全负责。

第九章　聚会礼商：抓住细节 方可打造好关系

家里举办聚会，从细节做起

英国流传着这样一首民谣："失了一颗铁钉，丢了一只马蹄铁；丢了一只马蹄铁，折了一匹战马；折了一匹战马，损了一位国王；损了一位国王，输了一场战争；输了一场战争，亡了一个帝国。"其实，民谣中提到的故事在历史上确实发生过。

1485 年，英国国王理查三世参与了博斯沃思战役，这场战争关系到国家的生死存亡。

战斗开始前，国王让马夫为自己备好爱马。马夫找到铁匠，让他立刻给马掌钉上马蹄铁。铁匠钉了三个马掌，在钉第四个时发现还缺一颗钉子，马掌不牢固。马夫将这个情况报告给国王，看到战斗即将开始，国王没在意第四只马蹄铁，匆匆赶回战场。

战场上，国王带着自己的士兵冲锋陷阵，左突右奔，英勇杀敌。突然，一只马蹄铁脱落，战马仰身跌翻在地，国王被重重地摔在地上。看到国王倒下，士兵开始自顾自地逃命，军队瞬间土崩瓦解。敌军趁机反击，俘虏了国王。国王这才意识到那颗钉子的重要性，在被俘那一刻，他痛苦地喊道：

"马蹄钉，我的国家就倾覆在这颗马蹄钉上！"

戴维·帕卡德曾说过："小事成就大事，细节成就完美。"其实，不论是在战争中，还是在生活中，细节都是决定成败的关键。对于举办家庭聚会来说，亦是如此。

图9-1

资料来源：东方 IC。

周六是方毅 25 岁的生日，他打算邀请兄弟朋友到家里开一个生日 Party，希望毕业之后大家再好好聚一下。但方毅之前从来没有在家里举办过任何聚会，所以不知道该怎么准备。

本来想请活动策划公司来帮忙，可是方毅转念一想，不就是一次家庭聚会吗？随意一点，不要太正式，想到哪里就到哪里，一点一点准备就行。然而，当天下了很大的雪，等到朋友陆续都来了，才发现没有给他们准备足够的拖鞋。大家的鞋子都不干净，很多人怕把地板弄脏，都选择穿着袜子进去，方毅觉得有一些尴尬，但是大家都笑着说："没关系！"吃饭的时候，方毅又发现，自己准备的杯子不够用……

　　家庭聚会多用于招待关系比较亲密的人，也可以用于招待尊贵的客人。年少的朋友喜欢热闹，经常和同学朋友一起聚会。年轻人一般比较喜欢去麦当劳、肯德基聚会，有时候会去好伦哥、必胜客聚会。但是，大家有没有想过在自己家里办一场家庭聚会呢？它不同于在外聚会，让你有别样的感觉，可以充分体验到做聚会主人的另一种感受。

　　如今，越来越多的人倾向于在家中举办聚会。可是，却往往因为不了解家庭宴会的细节，出现案例中的尴尬。所以，在组织家庭聚会之前，就要做好相应的准备，具体有以下几点需要注意：

　　1. 准备餐具

　　组织家庭聚会，首先要确定所宴请的人数，其次根据所宴请的人数准备好足够的餐具，餐具要清洁卫生。桌布、餐巾都要干净整洁，酒杯、筷子、碗碟等都要洗净擦亮。在客人入座前摆好餐具。

　　假如你准备的是中餐，你需要准备水杯、酒杯、盘、碗、小碟、筷子等，桌子上还要备几双公筷以方便使用。假如你准备的是西餐，那么你需要准备好酒杯、水杯、汤盘、刀、叉、汤匙等西餐用具，并按照西餐的礼仪摆放餐具。

　　2. 迎客礼仪

　　提前和客人联系好，在客人到达前，提前到门口迎接，最好不要坐在沙发上等待客人登门，这是不礼貌的；假如是夫妇俩一同在门外迎接客人，女主人要在前；如若客人突然临门，要保持笑容，热情相待；倘若客人在预定时间前到达，而室内没有清理干净，这时要停止打扫；要是客人带了行李、礼品，主人要接下代拿，并表示谢意。

　　3. 座次安排

　　以右为上，如若房间中的座位是并列式的，以右侧为上；居中为上，如若来宾比较少，而主人家里接待人员较多的时候，常常请来宾坐在中间位置，主人家的人员以一定的方式围坐在来宾的两侧或者四周，以表示对宾客的重视；佳座为上，长沙发比单人沙发佳，沙发比椅子佳，较高的座椅比较低的座椅佳，宽大舒适的座椅比狭小而不舒适的座椅佳。

4. 陪客

客人就座，敬过烟、茶、糖果之后，要及时与客人交谈或打开电视、电脑等供客人消遣、娱乐，不可将客人晾在一边，做自己的事情。

5. 宴请宾客

关于用餐，有许多讲究的地方，比如上菜的顺序。

上菜的顺序是：先上凉菜，再上热菜，然后上大菜（整鸡、整鱼等），最后上点心。分菜时，要先分给主宾或长者，之后按照顺时针方向逐次分下去；还要注意分菜的量，保持每一份的量都差不多，避免有多有少。

一道菜端上桌时，主人可以先简单介绍一下这道菜的名字和特点。这时候如若有人对某道菜表示很有兴趣，那么主人再介绍一下这道菜的烹饪方法。在介绍的时候，热情招呼大家动筷品尝。

参加生日聚会，带份礼物很重要

中国人崇尚"礼尚往来"。关于"礼尚往来"有这样一个故事：

春秋时期，孔子在家收弟子开坛讲学。鲁定公很重视，经常让他到宫中讲学。季府总管阳虎特地去看望孔子，孔子不想见他。阳虎知道孔子最讲究礼尚往来，于是便在拜见时给孔子留下一只烤乳猪。孔子终于回访。

所谓"礼尚往来"，简而言之就是，要总是保持礼仪的来往；礼仪双方，应该有来有往。比如，如果对方在你每次过生日的时候，都送小礼物给你，而你在人家过生日的时候却没有表示，时间长了，对方心里就会感到不平衡，很可能会影响到彼此之间的情感和友谊。

朋友邀请你参加生日聚会，对方肯定会提前准备，付出很多，这时候给他一些小礼物，既是对他的祝福，也是对其劳动的肯定。因此，参加朋友生日聚会，带份礼物很重要！

穆紫玉是办公室的"便利贴女孩"，就是办公室里的老好人；因为不懂得拒绝人，所以办公室同事需要帮忙的时候就会想起她。她经常被同事支使去买咖啡、复印文件、加班……即使这样，也从来没被同事邀请参加聚餐、聚会。

纪敏是办公室里唯一和穆紫玉关系不错的人。纪敏为人善良，长得漂亮还会打扮自己，能说会道，在办公室里非常受欢迎，她对穆紫玉非常照顾。

周五，办公室一个女孩邀请大家晚上去参加她的生日聚会，大家都在思考要给这个女孩准备什么礼物，穆紫玉看到之后表示非常疑惑，就问身边的纪敏："参加生日聚会，还需要准备礼物啊？"

"你以前参加生日聚会，不给别人带礼物吗？"纪敏听到后有点惊讶。穆紫玉点点头，说她以为生日聚会就是纯粹的聚餐而已。

"傻姑娘，当然要准备礼物！"纪敏十分无奈地说道，"别人邀请你参加生日聚会，为了对寿星表示心意，需要准备个适当的小礼物，可以不名贵，但是一定要送，知道了吗？"

"知道了，怪不得他们都不喜欢我，以前聚会的时候还叫我，后来就再也不叫我一起了，原来是这样。"穆紫玉恍然大悟。于是，她这一次为寿星准备了小礼物。

在这个生日聚会上，当同事收到穆紫玉包装精美的礼物，露出惊诧的表情，但随即给了穆紫玉一个感谢的微笑，之后小心翼翼地把礼物收好。那晚穆紫玉和同事们玩得十分开心，她第一次在同事交往中体会到了被接纳、被肯定的幸福。

穆紫玉的遭遇告诉我们一个道理，那就是参加生日聚会时，准备一份合适的小礼物是必不可少的。既可以表达自己真诚的祝福，也能够体现自己良好的礼仪。

祝寿是一种庆贺生日的礼仪。给长辈祝寿时，"礼数"稍多一些。给同辈或好朋友过生日，可以不必在意形式。给长辈祝寿时，除了需要讲究穿着之外，还必须带着一份象征健康长寿的礼品，喻意祝贺长辈健康长寿，如可以带自己设计的精美蛋糕，或者是有纪念价值的金贺卡等。

1. 送礼物要送到心坎上

如何把礼物送到别人的心坎上呢？送礼者需要将心比心，换位思考，如想想你自己希望收到什么样的礼物，这样就会收到意想不到的效果，多想想对方到底想要什么，或希望什么，才是我们送礼时最需要考虑的。礼物不在于贵重与否，关键在于送礼的人有没有用心思，礼物是不是能很好地代表我们的心意。

2. 送礼物要因人而异

因为受礼人的性格、爱好、修养与品位不同，所以送礼需要有针对性，挑选礼品也要因人、因事而异。选择礼品的时候，要先摸清楚受礼人的心理，使礼品受到受礼人的欢迎。因事而异，则指的是应考虑受礼人所处地区的风俗习惯，主动回避有可能存在的礼品图案的禁忌。

（1）颜色。大多中国人忌讳黑色，黑色是不吉利的象征，所以礼物不可以用黑纸包装。白色不可随意用，需要分场合。很多中国人偏爱红色，各种各样的红，认为红色是大吉大利的象征，喜事都要用红色表示。不同国家和地区的颜色禁忌如表9-1所示。

表9-1　不同国家的颜色禁忌

国家和地区	颜色禁忌
欧美	一般都不喜欢黑色，而是崇尚白色，新娘穿白衣，代表纯洁

国家和地区	颜色禁忌
印度	最不喜欢的颜色是白色
巴西	觉得紫色表示悲伤，棕黄色有凶灾的意思，如果把两种颜色搭配在一起，必然会引起凶兆
日本	忌绿色，觉得绿色不吉祥
埃及	不喜欢蓝色，在他们眼中那是恶魔的颜色
土耳其	把花色看作凶兆，忌讳用花色装饰房间

（2）礼品禁忌。中国汉字文化博大精深，有许多谐音。在我国，十分忌讳在婚礼时送钟、送梨和送伞。因为"钟"和"终"，"梨"和"离"，"伞"和"散"是谐音，都被看作很不吉利的东西。

为了推销"智能型运输管理"方案，2015年1月26日上午，英国访问团中的交通部长克雷默拜见柯文哲。在这次拜见中，有一个互赠纪念品环节，柯文哲赠给克雷默一套杯具，克雷默回赠对方一枚怀表。

结果，柯文哲认为怀表是"破铜烂铁"，送礼的克雷默只好发表声明道歉："抱歉！之前，我根本就不知道这一礼物会有其他非正面的含义。在英国，怀表是非常珍贵的，只有上议院议员才能取得这只怀表。"

一个送"杯具"，一个送"钟表"，很容易让人浮想联翩。看看，这就是不懂禁忌惹的祸！

（3）礼品图案禁忌。英国忌有大象、山羊、孔雀等动物图案的物品。因为英国人一直觉得大象是蠢笨的象征，山羊在英语里是不正经女子的代号，孔雀在英国是淫鸟、祸鸟。

法国人认为仙鹤是"蠢汉"和"淫妇"的代称。

利比亚忌讳狗的图案，认为那是"死人的象征"。

瑞士认为猫头鹰是"死人的象征"，因此相当忌讳猫头鹰的图案。

捷克斯洛伐克忌用"红三角"，认为它是有毒的象征。

遵守婚宴礼仪，得体地表达心意

想想看，参加婚宴的时候，你有没有听说过这样的祝福语：

"我代表家人祝贺你们，祝你俩幸福美满，永寿偕老！"

"两情相悦的最高境界是相对两无厌，祝福一对新人真心相爱，相约永久！"

"十年修得同船渡，百年修得共枕眠。祝你俩幸福美满，共偕连理！"

"真诚的爱情结合是一切结合中最纯洁的，祝福你们！"

"你们天生一对，地造一双，祝福你们！"

……

参加婚宴送祝福，是一种传统礼仪，表达了对新人的祝福。使用不当的语言，不仅会令自己尴尬，还会引起新人的不满。

沈斌刚毕业不久，在现在这个公司已经两个月了，同事结婚也给他发了请柬。他来自农村，农村结婚和城市里结婚仪式不太一样，所以，他以前从来没有参加过这样的婚礼。

那一天，沈斌早早起来，穿了一身自认为很酷的行头，装着现金就出了门。到了婚礼现场，他就惊呆了：露天的西式婚礼，婚礼上还有酒会，大家都穿着非常正式的礼服或长裙，只有沈斌穿得不伦不类，像是闯进王宫里的小丑，格格不入；重点是，别人送的礼物，是鲜花、包装精美的礼品之类，就算是人民币，也是装在红包里的，而他自己则尴尬地捏着自己那几张皱巴巴的人民币……

出席婚礼是非常平常的事，但若像沈斌一样，不懂或忽视了一些最基本的礼仪，难免让自己陷入尴尬的境地。所以，人们需要掌握一些礼仪，以免影响婚礼的喜庆气氛。

图 9－2

资料来源：东方 IC。

"男大当婚，女大当嫁"，从古至今人们都将结婚看得非常重要，将可以出席朋友的婚礼看作一种荣幸。随着社会的发展，结婚庆典的形式也有了很多变化，结婚礼仪也随之有了一些改变。为了不给喜庆的婚礼造成麻烦，每位出席婚礼的人都要掌握一些礼仪方面的知识。

参加婚礼也要准备一份礼物，在婚礼上送什么样的礼物更适合、最贴心，最能让收礼物的人满意？这是需要动一番脑筋的。送礼要得体，须遵循以下原则。

1. 赠送喜联喜幛

结婚赠送喜联、喜幛最显得高雅，适宜交游广阔、结婚场面铺张的受礼者。还可以亲笔书写，那样意义就更不一样了。

2. 赠送花束、花篮

现今，送花已经成为一件非常时尚的事情，不论是结婚还是订婚，鲜花都是必不可少的，在婚宴上也可以选择花束、花篮。这样一来，便更具有时代气息。缺点就是尽管可以烘托喜庆气氛，但却没有什么实用价值，必须针对合适的对象才可以。中国人一般比较讲究实惠。

3. 赠送实用品

一般情况下，赠送实用品比较适用于知己亲友。可是，在购买之前，要注意提前询问受礼者，尽量买一些他们需要的，而且要及时告诉受礼者，以免和受礼者买重复。

4. 赠送礼金

如今，婚姻贺礼由物品转换成了金钱。俗称"随份子"，需要注意以下几点：赠送礼金也要选择时机，一般在出席婚礼前送上。礼金不论多寡，习惯上须是双数。礼金到底该包多少本没有具体的标准，要依据自身经济实力和关系程度包礼金。

5. 注重仪表礼仪

结婚典礼是两个新人结婚的仪式，喜气十足，参加婚礼应该注意自己的仪表，就服装而言，最好穿比较正式的礼服。女宾不要打扮得太耀眼，不要喧宾夺主；男宾最好着西装，既大方又不失礼。

6. 婚礼礼仪要周全

（1）婚礼前，新郎、新娘要在入口处迎接来宾，应邀者在进门前，要热情、真诚地向新人道喜。不过，祝贺完新人就赶紧继续往里走，不要缠着他们喋喋不休，妨碍新人接待其他宾客。

（2）应邀者进入婚礼现场后，需要听从接待者的安排，到指定的座位前就座。如果是自助式的婚礼宴会，则可以随便些。

（3）在婚礼上，当司仪宣读祝词时，在场的人应停止嬉笑、吃东西，认真倾听，并配合司仪，营造婚礼的热烈气氛。

（4）在婚礼上，如若你有事需要先离开，不必向新人面辞，除非新人刚好在你周围且闲着无事。

婚礼中新郎和新娘是主角，其他人都是配角，参加婚礼是为了营造喜庆、热闹的气氛，让新郎、新娘有亲切、喜庆、温暖、幸福的感觉。因此，注意婚庆礼仪是十分必要的。

参加老人寿宴，给老人最恰当的祝福

有这么一则笑话：

出自名门的媳妇，打算带着女婿一起回家给父亲拜寿。可是，女婿有点傻，她就反复教他如何行礼，怎么说话。临出门，媳妇对女婿说："相公，我考考你。你见了我父亲，该怎么做？"傻女婿"扑通"跪下，连叩几个头，站起来。

媳妇说："说什么话？"傻女婿想不起来。媳妇告诉他："叩头时，要说'祝高堂大人寿比南山、福如东海'，记住了吗？"傻女婿点点头。

路上有个坑，傻女婿跨过时，忘了祝词。媳妇想了想，在路边店里买了一块糕糖，对傻女婿说："叩头时忘词了，你看见我手里的糕糖就会想起来，'糕糖'和'高堂'同音，你记住了吗？"傻女婿又点点头。

到了娘家门前，媳妇对傻女婿说："相公，你站在这里等我，我去净下手。"她把手里的糕糖往女婿手里一塞，就走了。傻女婿站在那里吃起来，等媳妇回来，他已经吃完了。媳妇没办法，只好再对他说："记住说高堂大人。"傻女婿又点点头。

拜寿的人很多，轮到傻女婿叩头时，他跪在那儿不说话。媳妇知道他忘词了，就挨近他小声提醒："高。"傻女婿一听，以为媳妇向他要糕糖，便大声道："高堂没有了。"

这个故事着实令人哭笑不得。给老人祝寿，说了不合适的话，不仅会引起人们的不满，还会破坏掉寿宴的气氛。因此，一定要注意。那么，怎样给老人过寿？给老人过寿带什么礼物比较好？对于没有给老人过寿的朋友来说，这两个问题不简单。

现在很多人懂得孝顺，到老人生日的时候想为老人祝寿，但对其中的规矩不算很了解，从而出现了许多误会和尴尬，莫赐就是这样：

上周，莫赐女友的姥姥过生日，莫赐和女友一起去了她家为老人过生日。为了博得女友家人的喜欢，莫赐费了不少心思：把原来的黄头发染成了黑色，穿上一身西装，看上去帅气极了；而且特意给女友的姥姥准备了礼物：一大束鲜花。

然而，当莫赐出现在女友的家里时，却没有受到大家的欢迎，尤其是女友的姥姥甚至还说："买什么花，这花能买多少粮食，这么浪费！"

莫赐很是不解，再加上大家的冷眼神，他觉得自己尴尬极了。

的确如此，在现实中，确实有很多莫赐这样的年轻人，因为不了解给老人祝寿的礼仪，经常会无心犯错。

祝寿是中华民族的普遍习俗，60 岁为寿年，50 岁以下或父母健在者只叫作过生日。不够 60 岁的人，过生日这天煮鸡蛋、吃面条，喻为"长寿百岁"，鸡蛋叫"喜蛋"，面条叫"长寿面"。随着东西方文化的交融，如今除了吃喜蛋、长寿面，还会给孩子买生日蛋糕，以示庆贺。

给老人过大寿有哪些讲究呢？祝寿礼仪的讲究和禁忌很多，尽管随着时代的进步，有些已经被人们遗忘，有些被淘汰，但还有很多被保留和继承了下来，有些人也许不明白为什么要这么讲究，觉得这些讲究或禁忌没有多大用处，其实这不只是文化的传递，更是对过大寿之人的美好祝愿，我们理应重视。

1. 参加寿宴别穿黑、白衣

参加祝寿活动的人一定要切记，在服饰上要选择颜色明快的衣服，不可以穿全黑、全白、黑白相配的衣服。

2. 祝寿礼物

给老人祝寿都要拿祝寿礼品，祝寿礼品也是种类繁多。给老人过寿常规寿礼如下：

（1）送食物：寿桃、寿面、寿酒、寿糕、馒头、肉、蛋、鱼、酒、苹果、石榴、桃等传统的老人过寿礼品。

（2）送生活用品：衣服、鞋帽、手杖，软垫靠背椅、老花镜、放大镜等。

（3）送礼品：写有祝寿字句的寿幛、寿联、寿屏和寿匾。送保健药品、保健食品、营养品。

（4）送花：比如菊花、松树、铁树、万年青、寿星草、长寿花、鹤望兰等。

（5）送钱（送礼金、送现金）：比较适合农村、生活条件差的地方，生活水平较高的地方则显得品位较低。

3. 敬字当先

传统的、较为普遍的寿礼有寿桃寿糕、寿幛寿屏和钱款。其中，寿桃、寿糕、寿幛、寿屏是表达希望寿者长命百岁、安享晚年的心情。而在祝寿时，一般饮料是酒，"酒"谐音"久"，"祝酒"也就是"祝久"。所以，送两瓶好酒，也是非常不错的选择。

4. 吉祥喜庆

祝寿选择的礼品要符合喜庆吉祥的气氛，能达到锦上添花的效果。在传统寿庆中，人们会将寿桃寿糕放入红漆盘，堆成塔，再在上面放一些粉捏的八仙、寿星、王母等吉祥人物，这就是为了营造寿庆的吉祥欢乐的氛围，让全家族共同为长寿之人欢腾雀跃隆重庆祝。

5. 朴实实用

为老人祝寿的寿礼一定要实惠、实用。老人节俭惯了，你给他弄华而不实的东西，他不会喜欢，而且礼物不分贵重，真心实意就好，需要你切实站在老人的角度为他选择他需要的礼品。举个例子，受赠者尽管年纪较大，但是身体很健康，喜欢运动，送他一些运动装备或者运动时对身体起保护作用的用具，老人一定十分高兴。

6. 注意言行举止

老人的寿辰被整个家族里看作是最大吉大利的日子，所以在祝寿场合要以祝贺、颂扬为主。不光对于寿星如此，对于寿星的亲属或者宾客都是如此。一切容易引起争论的话题都避免在祝寿活动中提及。在席间饮酒要注意节制，不会饮酒的人不要饮，醉酒之后失态是不礼貌的。假如要携带小孩参加祝寿活动，不要让小孩哭闹破坏祝寿的气氛。

参加同学聚会，就要平等相处

周末休息，打开电脑看了几期《爱情保卫战》，有一期让笔者印象非常深刻：

男嘉宾与女嘉宾已经结婚好几年，然而男嘉宾因为吝啬和冷漠，最终让妻子受不了，于是抱着儿子离家一个多月。

节目中，主持人不止一次提到，他认为男嘉宾不是抠门而是冷漠，对待他人的冷漠。在做最终选择的时候，女嘉宾还是选择了走出来。在我们为她的留下而深感无奈的时候，男嘉宾依然是一副冷漠的表情。

单是短短一个小时剪辑过的电视节目，笔者好几次都感觉出来男嘉宾的冷漠。他的行为以及最后的结果让笔者认真思考了一个问题，两个人为什么要在一起？

节目评论里许多人都呼吁女嘉宾不要这么软弱和退让。其实平心而论，如果你是那个女嘉宾，放弃会承受多大的压力。男嘉宾也知道，并且像一个旁观者看着妻子的挣扎与矛盾。

看着他们的故事，笔者想到了一个词，优越感。男嘉宾在女嘉宾面前有着很强的优越感。在一段爱情里，如果一个人的优越感比另一个人强烈，那就意味着另一个人要不就卑微地继续，要不就长痛不如短痛，果断放弃。同样的道理，在人际交往中，假如一个人自带"优越感"，那就是说其他人要不自卑地与他交往，要不就是果断地放弃彼此之间的关系。

春节过后，李俊志去参加同学聚会，他是一家公司的 IT 技术人员，平时因为工作的原因，与很多老同学都没有什么联系，这次得到同学聚会的消息，他高兴了好久。

到了同学聚会那天，他提前来到酒店，不一会儿，同学们陆陆续续来了。嘘寒问暖，家长里短。就在大家聊得差不多开始准备就餐的时候，来了一位"领导"。

李俊志听同学们说，原来这是班里的一位同学，他是这些同学里混得最好的。他一进来，立刻成了所有人的中心，端茶倒水、敬酒、夹菜，大家像对待领导一样对待这位同学。而这位同学还很享受这种待遇，整个聚会一直像领导开会一样发言。

一场聚会，就这样不咸不淡地结束了。

同学聚会本来是一件非常高兴的事情，分别许久的同学聚在一起热热闹闹，开开心心。然而，在现实中，很多像李俊志同学这样，由于自己身份、经济等情况优于其他人，从而产生一种优越感。殊不知，你的这份优越感只会让大家疏远你。

每一个人，都多多少少会有一些优越感。优越感不能没有，也不能太多，对于自我修养来说，太多优越感并不一定是好事。而且，优越感往往让人变得骄傲自负。

参加同学会，需要注意以下几个礼节：

图 9-3

资料来源：东方 IC。

1. 认真着装

不论是男士还是女士，在参加同学聚会时，要穿着干净整齐，头发整洁。女士可稍微化点妆。切忌浓妆艳抹，稍加修饰即可。

2. 准时赴约

不管什么聚会，迟到都会让人对你的印象减分，参加同学聚会与商务洽谈一样，也需要准时赴约。千万不要认为大家是老同学，迟到一会儿没有什么，让大家等待是一件十分失礼的事情。假如确实有事不得不晚到，应该打电话给聚会的组织者，言辞恳切地说明情况并表示歉意，然后说清楚自己抵达的时间。

3. 摆脱你的优越感

这么多年没见，大家必然有很大的变化，一方面是样貌的变化，另一方面就是身份的变化，同学中也许有人当了领导、做了老总，也有人可能生活在社会最底层，但是不管怎样，同学聚会时大家的关系就是同学，没有那些有的没的，没有高低贵贱之分，因此，不要带着优越感来参加同学聚会，言行举止要保持亲切、平和。对于已经变得比较生疏的同学还可以来个拥抱、握手，以便快速消除陌生感。

4. 称呼要有礼

同学聚在一起，一个必经项目就是畅谈过往今朝。也许你想起同学年少时期的一段恋情，觉得非常有意思，想要助兴，但需要注意同学有没有带着配偶或者朋友来参加聚会，要考虑提起这段往事会不会让这个同学感到尴尬，影响到现在的关系就不好了。

5. 让菜不夹菜

酒席间，总有些人为了表示亲切、关心，用自己的筷子给同学夹菜。这样其实让人非常不舒服。就算是以前关系非常好，不计较，经过这么多年，生活习惯是会改变的，随意而为，不仅会让人觉得不卫生，甚至难以接受。

6. 沟通内容要慎重

同学见面一定要注意沟通，有些问题关系不是那么亲密就不要问，比如个人隐私、收入、情感等问题。

休息的时候办个下午茶也不错

如今，随着生活水平的提高，人们的生活也越来越丰富，想要利用休息时间组织一个下午茶聚会已经不再是什么稀罕的事情了。但是许多人都是心有余而力不足，由于不了解下午茶的礼仪，闹出了许多笑话。

"五一"假期马上就要到了，黄依依打算利用这几天假期，组织一个下午茶聚会，约上几个好朋友，一起喝喝茶、聊聊天，晒晒太阳，享受一下生活。然而，想法固然不错，但要真准备起来，黄依依却不知道该怎么下手，准备得不恰当，失了礼仪该怎么办？

坐在席间，冲泡一壶茶，不论好坏，搭配几款茶点闲聊，有时候谈起各自的家庭，生活的气息就慢慢酝酿出来。其实，提起下午茶，还得说一下英式下午茶，因为中式下午茶其实来源于英式下午茶。

18世纪的英国人每天只吃早餐与晚餐，英国贵族一般在晚上8点后才可以用晚膳。在午餐的这一段时间里，公爵夫人经常在下午四五点，命女仆准备一壶茶和几片烤面包、黄油送到她的房间去。渐渐地，公爵夫人便会在每天下午四点左右邀三五知己，一同品好茶，并吃一些精致的三明治或是小蛋糕，一起享受轻松惬意的午后时光。慢慢地，下午茶就风靡了当时的贵族社交圈，然后慢慢普及到平民阶层。

直至今天，下午茶已经成了一种优雅自在的文化。在英式下午茶中，有这几点要注意：

1. 茶具

茶壶、茶斗、茶杯、杯碟、茶匙、点心碟、刀、叉、三层点心瓷盘、果酱架、糖缸、牛奶缸、用以泡茶计时的沙漏。

2. 茶餐点

下午茶餐点一般有三层。第一层是咸味的各式三明治，如火腿、芝士等口味。第二层和第三层则摆着甜点，一般情况下，第二层是草莓塔，这是英式下午茶必备的，另外的如泡芙、饼干或巧克力，则是由主厨随心搭配，第三层的甜点也没有规定放什么，而由主厨选择性地放些适合的点心，一般是蛋糕或水果塔。

3. 时间

下午四点左右是英式下午茶最正统的时间，太早别人会觉得你可能是没吃饱，太晚又会让人觉得你饿了。

4. 穿着

维多利亚时代，下午茶时男士需要身穿燕尾服，女士穿长袍。现在的英国正式下午茶依然要求男性穿燕尾服、戴高帽、持雨伞，女性则着日间礼服，戴帽子。而现在虽然已经对礼节做了非常多的简化，最起码的标准却没有变，那就是要穿着得体。男士绅士、女士优雅。

5. 邀请

一场正式的下午茶会大概会提前一个月准备，邀请函一般提前一个月写好并盖家族徽章之后寄出，客人需要在收函的 40 小时内给予主人答复。为的就是给人充分的时间考虑、安排、准备。

中式下午茶其实享受的是那份随性。享受的是和好朋友一起品茶、闲聊的感觉。有时候会偶尔开一些无关紧要的玩笑，有时候也会谈到工作中的烦心事，有时候会在一个人的品酌中，悟出不一样的道理，感受不一样的自我。

（1）中式下午茶并不是非红茶不可。人们往往会选择自己喜欢的茶种，不论是绿茶、花茶，还是水果茶，只要是大家喜欢品的，可以随心选择。喝茶的同时，人们还会配上一些中式小食、中式糕点、各种坚果。

（2）这样的随性还表现在茶具的选择上，人们一般会根据茶种的不同选择不同的泡茶工具，如对红茶、绿茶这样的茶种，人们就会选择中式的功夫茶具，如是花茶或水果茶就会选择玻璃制的小型茶壶茶杯。

涉外篇

　　出境旅游或到外地出差，要与不同的人群接触，如空乘、酒店服务员、路人等，人在外乡，就要尊重外乡的规矩，就要按人家的约定俗成来办事，恣意妄为或者不尊重对方，丢的不仅是你个人的面子，还丢国人的面子。

第十章　出境礼商：提高综合素质，把"礼"带到国外

飞机，是最能展现个人形象的地方

公共礼仪维持了公共生活的最基本秩序，而公共秩序是社会公众的最低要求和需要，没有了秩序，公众的权利就无法保障，利益就要遭到损失。因此，出门在外，一定要遵守公共秩序。前几天去外地出差，遇到这样一幕：

上飞机时，一个中年男人和一个孩子走在笔者的前面，背着一个大大的行李包。空姐微笑着问候："您好！"孩子一句话没说，中年男子不屑地瞥了空姐一眼，继续往机舱里走。

笔者在他们后面，和空姐打完招呼后，也走了进去。不知道是巧合，还是什么，笔者居然跟这对父子坐一排。

小男孩不停地动来动去，一会儿摸摸这里，一会儿动动那里。中年男子亦是如此！不是吆喝空姐说"喂，你去帮我倒杯水"，就是说"哎，你去帮我拿个毯子"……

不可否认，在飞机上，这对父子的做法是不礼貌的。他们全然不顾其他人的感受，不尊重飞机上的服务人员。飞机，也是一个公共场合，乘坐飞机期间，必须约束自己的个人行为，检点个人表现，严格要求自己，尊重乘务

人员，善待其他乘客……这些都是乘机者应该知道的礼仪规范。

乘飞机出境，你的礼仪表现代表着自己的形象；作为公司职员，你的礼仪则代表着公司的形象；作为一个外交人员，甚至代表着国家、民族形象……因此，不管任何人，不管任何时候，我们都应该注意自己的礼仪，尤其是在飞机上，更不可放松。

1. 要尊重机组人员

登上飞机后，要平等对待乘务人员，要尊重、支持、配合对方的工作，不要故意为难对方。

（1）要回答乘务人员的问候。上下飞机时，机组乘务人员会在机舱门口列队迎送。当对方主动打招呼、道问候时，不要漠不关心，要做出友善的回应。

（2）要感谢乘务人员的服务。如果乘务人员为你提供了帮助，比如，递送了饮料、食物、报刊，或引导方向、帮助搬放行李时，都要主动向对方表示感谢，千万不能视若无睹、安之若素。

（3）要服从乘务人员的管理。飞机升空或降落前，乘务人员都要巡视、检查乘客的安全带是否扣好、座位是否端正、身前小桌是否收起……这时候，一定要服从指挥。如果是其他方面的管理，也要无条件服从。

（4）要体谅乘务人员的难处。如果遇到飞机晚点、停飞、返航或改降其他机场，要顾全大局，不要将气撒在乘务员身上，更不能骂人、打人、侮辱人，不能聚众闹事，甚至拦截飞机起飞，或飞机降落后拒绝下飞机。

（5）要减少乘务人员的麻烦。乘客这么多，乘务人员人数有限，他们的工作非常辛苦，要尽量少给他们增加麻烦。不要动不动就摁呼叫按钮，让他们跑来跑去。

2. 要严于律己

不管在任何情况下，严于律己、宽以待人都是做人的一种美德。乘机时，自然也不能例外。坐飞机，一定要牢记以下几点：

（1）衣冠整洁。乘坐飞机，穿衣服要比乘坐火车讲究，要干净、整齐、入时。既不能脱得仅剩下内衣，也不能打赤膊；如果确实要更换衣服，最好去洗手间。

（2）不侵占别人的位置。上飞机后，就要坐在自己的座位上。千万不能去高档座舱或空闲座位抢占不属于自己的位子。

（3）不乱占小便宜。不要为了贪图小便宜，而顺手牵羊，偷拿不属于自己的公用物品。

（4）不乱动乱摸。飞机上有很多禁用之物、禁动之处，要"敬而远之"。千万不要在好奇心的驱使下，乱摸乱动。这一点尤为重要。

（5）不使用违禁物品。比如，不要吸烟，不要使用移动电话、激光唱机、手提电脑、调频收音机、电子游戏机和电子玩具等物品。

（6）不要破坏环境卫生。飞机上，绝不能乱扔东西，更不能乱吐东西。

（7）不要暴饮暴食。通常，飞机上的餐饮都是免费供应的。享用时，一定要量力而行，不要因为免费就暴饮暴食。

（8）不要与人不便。如果想去盥洗室，但座位在里面，就要有礼貌地向旁边的乘客说明情况，请他为你出去提供方便；走出时，不要背对着人家；返回时，要礼貌地通过，并向他表示感谢。

3. 要善待乘客

在飞机上，要跟其他旅客和睦相处、友好相待，不要妄自尊大、目中无人。

（1）不要不守秩序。在上下飞机或使用卫生间时，如果人数较多，应自觉排队等候。

（2）不要高声谈笑。飞机飞行期间，尤其是夜间飞行，或身边有人休息时，最好不要喋喋不休，更不能高谈阔论，以免影响其他乘客休息。

（3）不要吓唬别人。为了摆脱烦闷的氛围，可以与周围人交谈片刻，但不要谈论有关劫机、撞机、坠机等不幸事件。

（4）不要令人不适。国际航班上，外国人士比较多，不要反复打量、窥视。

（5）不要摇摇晃晃。休息时，不要晃动不止，否则会妨碍他人休息。

4. 仪表整洁、讲究卫生

讲究仪表和形体礼仪，是一种社会公德。仪表整洁，不仅是对自己的尊重，也是对他人的尊重。如果服装不洁，则会给人不愉快的感觉。讲究卫生，包括个人卫生和公共卫生两方面。这既是个人身体健康的需要，也是对社会环境应有的关心和责任。

学些英语，出门在外更方便

语言是人们交流的工具，任何时候，都离不开语言。正如古希腊哲学家德谟克利特所说的"语言是生活的化身"。语言是人与人之间沟通的桥梁，英语则是国际交流的桥梁，只有掌握一定的英语，才能在国外行得通畅。

寒假期间，小小和朋友跟着旅行团出游。一路上，小小和朋友玩得不亦乐乎。可是，走着走着，他们就跟旅游团失散了。自己不会说英语，无法问路，之后只能打电话联系导游，约好在酒店见面。

没办法，小小只能跟着朋友往酒店赶。可是，由于不会说英语，上了出租车，也说不清楚。最后，两人只好放弃打车，决定徒步走回去。但路也不熟，路标也不认识，路人听不懂。

导游一个劲儿给他们打电话，让他们快一点。最后，他们只能站在原地，等着导游来找他们。幸亏导游英语不错，打听了一下，找到了他们。

通过这个故事可以发现，学习英语是多么重要啊！尤其是在国外。

出门旅游如此，商务谈判亦如此！这是一个经济全球化的时代，英语是全球通用的语言，只有掌握一定的英语知识，才能在国际化的道路上畅游。与外商谈判，英语是沟通的重要桥梁。商务谈判对听力有着极高的要求，如果你的听力水平不达标，一定会错过很多信息，这时英语听力的弱点便会成为致命伤。

如今，说英语的人越来越多。无论是出国旅游、留学，还是在外企工作，或与外国人约会、聊天都得用英语。未来，英语的发展是我们无法想象的，因此，一定要让自己说一口流利的英语。那么，如何才能练好英语呢？

1. 日积月累，切不可急功近利

要想掌握一定的英语知识，就要让自己的心静下来，从一词一句开始积累，多听、多说、多读，长年坚持，必有收获。学习外语时，花费的时间和熟练程度成正比，任何一门外语的熟练运用都是时间堆积起来的。

2. 培养对英语的兴趣，树立信心

"兴趣是最好的老师"，放到英语学习上也是如此。有了兴趣，学起来就不会感到枯燥无味了。英语是世界上优美的语言之一，平时学习时，一定要多留意它的优美之处、合理之处、生动之处。一旦有了兴趣，学习的劲头就足了；有了收获，自信心定然能够增强。

3. 多读一些英语版的笑话和小品

通常，我们都喜欢读笑话或小品文，其实英语的笑话或小品文也有很多。在学习英语的过程中，完全可以读一些英语笑话或幽默小品，一边领略英语的生动、幽默和妙趣横生，一边提高自己对英语的喜爱程度。时间长了，自然会越喜欢越爱学，越爱学越喜欢，继而形成良性循环。到了这种状态，熟练掌握英语也就为期不远了。

4. 不要悄声说，大声地读出来

学英语时，很多人不敢张嘴说。但学习英语，必须让自己的嘴巴张开。要多说英语，如果无法用英语与人交流，就多读一些英语文章，多训练一下自己的口舌，看着文章大声地朗读出来，培养自己的英语语感，锻炼发音。

5. 多背一些句子或短文

语言学习最好的方式就是将"输入"与"输出"结合起来，而背诵的过程就是"输入"的过程。想用英语交流，但不知道说什么，或者在说之前将要说的英文在脑子里用中文翻译一遍，主要就是因为大脑里储存的英语句子太少。因此，完全可以选择一些常用的句子，如对话或一些有意思的小短文进行背诵。

6. 多说，多练，多实践

英语之所以说不出来、不想说，不外乎两种原因：一是不敢说，怕出错；二是不知道说什么。经过上面的积累，发音、语感都打下了很好的基础，句子也储存了很多，接下来最重要的就是"说"。最好的方法是与外国人交流，或参加英语培训机构进行系统性提升，英语氛围浓厚的环境，对英语口语定然会有极大的帮助。

支付小费，也是对服务人员的爱护与尊重

在《孝经》中有个"曾子避席"的故事非常有名：

曾子是孔子的弟子，有一次在孔子身边侍坐，他们坐在一块席子上。孔子问他："以前，圣贤之王都有着绝佳的德行，用来教导天下人，人们就能和睦相处，你知道是什么吗？"曾子听了，知道老师要将最深刻的道理告诉他，于是立刻站起来，走到席子外面，毕恭毕敬地回答："我不聪明，怎么

会知道？还请老师给我讲讲吧。"

在这里，"避席"就是一种非常有礼貌的行为，当曾子听到老师要向他传授道理时，他便站起身来，走到席子外向老师请教，这样就表示了自己对老师的尊重。

如今，许多国家都流行着顾客向服务人员付小费的习俗。其实，小费有一定的礼节性，在一定程度上也代表了顾客对服务人员的爱护与尊重。各国各地各行业小费的数额没有统一规定，一定要入境随俗，酌情而付。不了解消费礼仪，很可能闹出误会。

2015 年春节期间，周先生全家去新加坡旅游，入住了一家不错的酒店。无论是酒店环境，还是酒店服务，都是无可挑剔的。

一次，周先生和家人从外面回来，看到客房服务人员在帮他们打扫卫生。看到客房收拾得如此干净，还细心地插了一束鲜花，周先生非常满意。之后，为了表示感谢，还从兜里掏出钱，作为小费递给了客房服务人员。

看到周先生的举动，服务员感到很疑惑，用流利的英语询问，是不是自己哪里做得不够好？周先生回答："挺好啊！"

周先生觉得客房服务人员做得好，才愿意给小费，而服务人员对于周先生的小费却误认为服务得不好。为什么会出现这样的误会呢？因为在新加坡，给小费就意味着服务不好。

的确，如今，付小费已经成为一种常见的现象，给小费是为了对所享受的服务表示感谢。如果所享受的服务很周到，那么这种服务应当被犒劳。但需要注意的是，付小费也要视情况而定。千万不能像案例中的周先生一样，因为不了解小费礼仪，弄得很尴尬。

相传，付小费之风源于 18 世纪的伦敦。当时，有些酒店的餐桌上会摆放一个写有保证服务迅速的碗。顾客将零钱投入碗中，必将得到迅速而周到的服务，时间长了，便成了一种习惯。一般说来，每个国家都有自己的小费礼仪（见表 10 - 1），在出境前，一定要多了解。

表 10 – 1　不同国家的小费礼仪

国家	小费礼仪
英国	小费比例通常在 10% ~ 15% 。在饭店，尤其是高端场所，账单中已经包含了 12.5% 的服务费。在酒吧，是否要给小费，往往取决于你的意向。鸡尾酒酒吧，每桌通常要付 12.5% 的小费
美国	在美国，雇主把小费看成工资的构成部分，因此，小费对于服务人员极其重要。给小费是美国的一个大问题，尤其是在旅游旺季，几乎每个服务人员都会得到小费，包括私人健身教练、干洗工
法国	巴黎没有小费标准。只有觉得服务很周到时，才会给小费。在饭店，小费往往包含在账单里，但如果服务得很好，还要额外用现金给 5% 的小费。通常情况下，不给出租车司机小费，但为了方便，零头一般都不用找；对于发型师，通常要给 5 欧元的小费
西班牙	西班牙不强制要求给小费，但不同的场所有不同的习惯。在上等场所，可能要求付给小费。在饭店，小费已经加到价格里了，但最终并不会给到服务员，可以额外给 5% ~ 10% 的现金小费。看菜单时，要仔细看看 7% 的税是否已经包含在价格里，否则要加到最后的账单里
意大利	意大利通常是不用付小费的，当然，如果你给小费，服务员也会十分开心。在饭店，附加费通常加到账单里；而且，意大利人会对面包收取额外的费用，这两项被认为是变相收取小费。但是，如果觉得服务周到，5% ~ 10% 的额外小费还是要给的
土耳其	土耳其文化中不包括小费，因此给一点儿小费就会令服务员很开心。在饭店和酒吧，可以给侍者 5% ~ 10% 的现金小费；出租车尽量给到整数；对生活服务如理发，可以支付 10% 的小费，鼓励他们保持高质量服务
葡萄牙	在葡萄牙饭店，小费是收入的有力补充，因此 10% 的小费是大力提倡的。在比较上档次的餐厅，账单里可能还会加至 15% 。通常，可以给出租车司机 10% 的小费，给酒店服务员几欧元即可。记住，礼宾部的服务同样需要给小费

不入乡随俗，会给自己带来很多麻烦

"入乡随俗"这个典故出自《六度集经·之裸国经》：

很久以前，有个地方，人们都喜欢裸露着身体，所以这个地方又被叫作"裸乡"或"裸国"。一次，兄弟俩到裸乡经商。弟弟说："福德很大的人，一般都丰衣足食；而福德小的人，则缺衣少穿。今天我们来到了裸乡，这里佛法还没有宏传，道德比较落后。我们和当地人无法交流，所以应该入乡随俗。和他们相处时，心态要谦逊，语言要低调。"

哥哥说："不管怎么说，都不能少了礼教。怎么能因为他们裸身，就放弃礼教呢？"

弟弟说："这样做，并没有破坏礼教道德！而且，这仅是权宜之计。"

哥哥说："你先进去看一下，回来后将具体情况告诉我。"

弟弟答应了。

十天后，弟弟回来，对哥哥说："我们必须要遵循当地的习俗。"

哥哥听后，非常生气："畜生！这哪还像人啊！我偏不这样做！"

弟弟回到裸乡，遵从当地的风俗，和当地人打成一片。国王很喜欢他，国民也非常敬重他，国王最后用很高的价格购买了他的商品。

哥哥乘车来到了裸乡，但他却按照自己的想法，指责当地人这里不对、那里不行，人们都很讨厌他，国王很生气。后经弟弟求情，才免除更大的灾难。

身处异国，人生地不熟，可能引发小误会和尴尬。近日，一则关于资深领队带队出境游经历的文章，引发热议。

有些旅客在出境游时犯了各种糊涂，让人感到后怕。有的游客由于不了解情况，在澳大利亚酒店房间抽烟，结果"召唤"来消防车，被处以罚款；

一位老奶奶舍不得扔吃过的樱桃籽，用卫生纸包好，想带回家乡种，结果被新西兰海关查出，要罚款。

在房间抽烟、带种子回家，这些事情，在我们国家看来再平常不过，但是外国人却不这么认为。这些人都是因为不了解要入乡随俗，才被罚款。

环境影响人生，环境改变人生！对此，蒙田曾说过："既然不能驾驭外界，我就驾驭自己：如果外界不适应我，那么我就去适应他们。"在国外的陌生环境中，先要懂得入乡随俗，尊重国外的习惯，只有这样，才能利用环境，给自己避免诸多麻烦。那么，在国外都有哪些不一样的风俗习惯呢？

10－2　国外的风俗习惯

国家	习俗
法国	在博物馆和教堂，不要用带有闪光灯的相机拍照。旅行中，要为女性让道、开门、让座，上下车让女士先行
德国	在德国用餐，不要用吃鱼的刀叉吃肉。如果同时要饮用啤酒和葡萄酒，宜先饮啤酒，后饮用葡萄酒。守纪律、讲整洁、守时间、喜清净、待人诚恳、注重礼仪
瑞士	与瑞士人共餐，通常开始时要互相敬一次酒，之后则不需要频频敬酒，各自随意饮用即可。在用餐过程中，不要直接用嘴去吹过烫的菜肴或者汤，更不能在咀嚼食物、使用餐具时发出声音
英国	英国人最忌讳别人谈论男人的工资和女人的年龄，就连他家的家具值多少钱也不应该问，这些都是个人生活的秘密，绝不允许别人过问。在英国，一定不要问人家"你去哪儿"、"吃饭了吗"等问题，因为他们讨厌别人过问他们的个人生活。英国人凡事都循规蹈矩，汽车行驶方向和欧洲其他国家正好相反；在英国旅游，不要当众打喷嚏，不要跷二郎腿，不要从梯子下面走过，不要在屋子里撑伞；谈话时，不要谈论皇室的家事
西班牙	女士上街需要戴耳环，如果没有戴耳环，就像没穿衣服一样，会被人笑话。西班牙人强调个人信誉，宁愿受点损失也不愿公开承认失误，如果无意中帮了他们而使他们免受损失，他们会永远信任你

当然，除此之外，还要注意以下几点：

1. 免费早餐不"打包"

美国的饭店一般提供免费早餐，在用餐场所，有些人吃饱喝足后不在饭桌上留下小费，临走时还往自带的食品袋里放煮鸡蛋、面包、苹果和香肠等，堂而皇之地带走。即使其他旅客或餐厅服务人员看到后没有当面制止，也会给个人形象带来不良影响。

2. 打的也要付小费

在美国等西方国家，有约定俗成的付小费的习惯。即使是在包早餐的饭店里吃早点，如果服务员给你倒咖啡、加饮料、收盘子等，饭后都要放一点小费表示感谢。如果在不包早餐的饭店点菜谱用早餐，结账时要按照当地习俗加15%左右的小费，午餐和晚餐同样如此。

3. 公共场所别喧哗

美国餐馆很少有单间，美国人也没有订单间吃饭的习惯，请客也是在大餐厅订桌。在美国的中、西餐厅吃饭、聊天、说事，都要压低声音，不要干扰旁边的人用餐。在餐厅和候机楼等公共场所，不管不顾地高谈阔论或用手机大声讲话，周围人会表示反感。

4. 女士面前要绅士

在公共场所，美国等西方国家都讲究女士优先，我们也要入乡随俗。比如，在饭店、写字楼和商场等场所上电梯时，不论先到与否，只要看到周围有女士，特别是老年妇女和小孩，都要让女士和儿童先上。遇到残疾人和推儿童车上电梯或进门的人，更要主动帮助开门。

女士优先，儿童优先，老人优先

女士、儿童、老人，都是弱势群体，到外国，就要遵守这条原则，不要无所顾忌。

"女士优先、儿童优先、老人优先"，相信很多人都知道，这是国际社会通用的第一礼俗。它的含义是：在一切社交场合，每名成年男子都有义务主动自觉地以自己的实际行动去尊重妇女、照顾儿童、体谅老人，并且要想方设法地为他们排忧解难。倘若因为男士的不慎，而使这一群体陷入尴尬、困难处境，便意味着男士的失职。

一个朋友有一次到英国做访问学者半年，归来后，我们去看她，问她在英国最大的感受是什么。她哈哈一笑："到了那里，我才觉得自己是个女人！"

是啊，这个朋友是个博士，事业蒸蒸日上，人又长得高大，在中国，这样的女人，基本上人们都会把她当作"女汉子"看待。

的确如此！在我国女士优先的意识不强烈，而在国外则完全不一样。

在中国，由于文化背景的不同，虽然人们也知道要尊重妇女、保护儿童、善待老人，可是真正实践的有多少？

在国际社会交往中，尽管"女士优先、儿童优先、老人优先"早已家喻户晓，人人皆知，但是它仍然存在于其特定的使用范围，只有在其使用范围内，这一原则才会生效，一旦超出了其特定的范围，这一原则便不起任何作用。

每个人都会变老，同样，每个人都有幼年时期，老人和小孩在公共场所应该得到关心和照顾。老年，是身体上的弱者；小孩尚未成年，心灵比较幼稚，我们自然应该关心、体谅和照顾他们。在社交场合体现男人风度，儿童优先、老人优先、女士优先具体表现为以下几个方面：

1. 行走时

在室外行走时，如果与老人、女士、孩子并排走，男士就要自觉地把靠墙的位置让给对方，请老人、女士、孩子走在人行道的内侧，自己主动行走在外侧，这样做既可以防止老人、女士、孩子因急驶的车辆而感到不安，还能够避免汽车飞驰而溅起的污泥浊水弄脏老人、女士、孩子的衣服。

2. 乘车时

陪伴老人、女士、孩子同乘火车、电车时，男士应该设法给他们找一个较为舒适、安全的座位，然后给自己找一个尽可能靠近他的座位；如果找不到，就要站在他面前，尽可能离其近一些。乘出租车时，男士应先走近汽车，把右侧的车门打开，让老人、女士、孩子先坐进去，男士再绕到车左边，坐到左边的座位上。

3. 上下楼梯时

上楼梯时，男士要跟随在老人、女士、孩子后面，相隔一两阶台阶的距离；下楼梯时，男士应该先下，进电梯时，如果电梯里边有男士，应请老人、女士、孩子先进去，自己再进入电梯；如果电梯没有人，男士应该先进去，老人、女士、孩子再进去。在电梯里，男士负责按电钮，要礼貌地询问老人、女士、孩子所上楼层。

4. 见面时

参加社交聚会时，见到男、女主人后，应当先向女主人问好，然后问候男主人；女士在场时，男士不得吸烟；为不相识的来宾进行介绍时，应当先把男士介绍给女士，以示对女士的尊重；男女双方握手时，只有女士伸过来手，男士才能与之相握。

5. 用餐时

餐桌旁，男士应协助老人、女士、孩子就座，把椅子从桌边拉开，等他们即将坐下时，再把椅子移进桌子。坐定后，男士应把菜单递给老人、女士、孩子，把点菜的权利先交给他们。一般，就餐完毕，也要由男士付账。

6. 助臂

如果跟老人、女士、孩子偕同，男士就要帮他们拿较重的或拿着不方便的物品，如购物袋、旅行包、伞等。

出门旅游，就要爱护旅游区的公共财物

旅游时的不文明行为，不仅会影响个人的形象，还会损害国家的形象，会使外国人形成一种印象：中国人是个低文化层次的国度，没有修养和品位。我国是礼仪之邦，但一些同胞的出境游陋习实在不敢恭维，且已得到国际友人的"公认"，令人汗颜。网络上，这样的新闻不止一条：

场景一：

法国卢浮宫水池上，几个中国人正在泡脚，旁若无人、怡然自得。虽然也有其他国家的人，但中国人赫然在列。

场景二：

一名华人女子在华盛顿林肯纪念堂等多处华盛顿国家地标景点建筑上泼油漆，以破坏公共财物的罪名遭警方逮捕。

场景三：

在马赛马拉过河时，中国游客对着河马怪叫，有些人甚至趁司机不备，拿起手中废弃物丢向河马，连草丛中的狮子也不放过。

场景四：

在苏黎世到北京的一架航班上，两名中国乘客喝了酒，发生纠纷，进而大打出手，甚至还打了来劝架的乘务长，飞机被迫返航。

场景五：

马尔代夫一位潜水教练偶然翻看微信中"附近人的照片"时，惊讶地发现，一位中国女游客晒出了自己刚捞出的珊瑚照，并写道："刚刚捞到的珊瑚，漂亮不？"

出国之后，你就是国家的"形象大使"。不要以为你仅代表你个人，你承受不了国家形象之重。只有以文明的、有教养的形象和气质出现在外国人面前，才能赢得应有的尊重。人们常说，爱国情浓时，多在国门外。这种爱国情怀不是虚幻的，更贯注在人们的行动中，因此，不妨从端正自己的行为习惯做起，当好自己国家的"形象大使"。

俗话说得好，好事不出门，坏事传千里！对一些国人来说，在自己家乡，吐痰、大声喧哗等习惯也许算不上什么劣迹，但在国外，这些行为就会遭到外国人的嗤之以鼻。时间长了，中国人自然就会被贴上"不讲卫生"、"不文明"的标签。

个人的行为习惯折射了他的品格、志趣、情操等，或许某位国人的特有陋习并不足以引发外国人对我们整个民族、整个国家的负面评价。但当这些陋习在越来越多的出国人身上出现，这种负面评价就可能在他们的大脑中扎下根来，在与外国人打交道、共事，乃至做决策的过程中，产生对我们不利的影响。

因此，每一个出境者一定要从自身做起，注重小节，讲究礼仪，爱护环境，以自己的一言一行维护国家的声誉，树立文明形象！

结束篇

　　掌握了上面的一些方法，并不代表你的礼商就获得了提高。学习理论是一方面，具体实践又是一方面，一定要注意日常生活和工作的实践。他人永远都不会给你提供第二次建立形象的机会，一定要在第一次见面的时候就抓住对方的注意力。

他人永远不会给你第二次机会去建立第一印象

礼商，是每个人都应该具备的一种德行，如同智商、情商等。

在了解了礼商的重要性以及应该掌握的基本礼仪之后，我们要做的就是坚持这些礼仪规则，逐渐完善自己，不断提高自己，因为任何人都不会给我们第二次机会去建立第一印象！

不管是在生活中，还是在职场中，抑或是在商务交往及涉外事务中，只有坚持必要的行为规划、遵守一定的礼仪规范，才能给对方留下好印象，才更有利于事情的解决或良好关系的形成。

在对礼商研究的过程中及多年的营销实战，以及在汇智达教育机构的创办过程中，笔者对礼商的意义有了更深入的了解。在汇智达企业创办、成长历程中，得到众多好友、企业家朋友的大力支持及关爱。笔者想他们看准的是笔者对礼仪事业的一份坚持、坚定，礼商中的"正颜、正身、正行"都在笔者身上得到了淋漓尽致的体现。

为此，笔者近15年来的研究心得体现在本书中，希望笔者分享的这些经验能够给各位读者朋友带来切身帮助。当然，礼商的内涵无限广阔，笔者也只能提取它对现实最具意义的方面做出提示性指导，如果想了解更多关于礼商的内容，欢迎关注笔者的微信或者及时与笔者联系，一起探讨，共同追寻！

"路漫漫其修远兮，吾将上下而求索"，学习之路远长，只要大家一起努力，礼商的教法定会根植于我们的心中！

小测试：测测你的礼商

测测看，你是否是个知礼、懂礼的人？

1. 朋友聚会时，有人对你很不礼貌，你会（　　）

A. 受到伤害并表现出来，然后把这件事讲给别人听。

B. 同样无礼地对待对方。

C. 不生气，转而同热情的人交谈。

2. 有人试图欺骗你，你会（　　）

A. 不理解，并告诉别人："这人爱撒谎。"

B. 直截了当地与他交谈，问他为什么撒谎。

C. 小心地询问："究竟发生了什么事？"

3. 同学想告诉你一些关于他朋友的事，而那个人曾要求他别把此事外传，你会（　　）

A. 认真听着，因为你感到很好奇。

B. 将此事说给别人听。

C. 认为这意味着失去信任，因而不愿听。

4. 好友向你谈论他的爱情故事，你感到非常无聊，你会（　　）

A. 打断他的话，并改变话题。

B. 只是说："你已经讲过了。"

C. 倾听着，让他也学会倾听别人。

5. 某人固执己见，你证明他错了，可他仍坚持他的观点，你会（　　）

A. 先保持缄默，然后再告诉他，是他错了。

B. 大声反驳并称他为"笨蛋！"

C. 没有说话，但心里清楚：他已明白自己错了。

6. 遇到对生活失去信心的人，你会（ ）

A. 有同样的感受，并把这话说给他听。

B. 让他把一切不如意都倾诉出来。

C. 像平常一样对待他，并努力尝试将他从困境中解脱出来。

7. 去医院看望病重的朋友，你会（ ）

A. 轻声说话并表示同情。

B. 鼓励他："你会痊愈的。"

C. 你的行为一如既往，同他谈论一些使他感兴趣的事。

计分方法如下：

1. A—5 分；B—7 分；C—10 分。

2. A—3 分；B—10 分；C—8 分。

3. A—5 分；B—3 分；C—10 分。

4. A—5 分；B—3 分；C—10 分。

5. A—10 分；B—3 分；C—8 分。

6. A—3 分；B—10 分；C—8 分。

7. A—3 分；B—8 分；C—10 分。

答案分析：

60～70 分：

你的言谈举止堪称楷模，人们都喜欢同你交谈，因为你从不言行失检。但有时，你会把礼仪当作挡箭牌。

49～59 分：

大多数情况下，你都能言行得体，彬彬有礼，别人也喜欢你。但在朋友那里，你就不一定有礼貌了。

38～48 分：

你的言行举止欠妥，因而有时估计事情是错的，但不能断定自己是否正确。然而，你能用热忱和良好的情绪将自己从烦恼中解脱出来。

23～37 分：

你对社交礼仪抱无所谓的态度，有时无所顾忌，虽然个性并不坏，但得多考虑别人的感受。

参考文献

［1］肖珂. 金牌礼仪课程：不学礼　无以立［M］. 北京：经济管理出版社，2016.

［2］傅林轩. 别输在不懂礼仪上［M］. 佛山：南海出版公司，2016.

［3］杨路. 高端商务礼仪：56 个细节决定商务成败［M］. 北京：北京联合出版公司，2013.

［4］张晓梅. 晓梅说商务礼仪［M］. 北京：中国青年出版社，2014.

［5］槠藤子. 年轻人要多懂点社交礼仪［M］. 成都：天地出版社，2016.

［6］金正昆. 礼仪金说：社交礼仪［M］. 北京：北京联合出版公司，2013.

［7］背负. 你的礼仪价值百万［M］. 长春：北方妇女儿童出版社，2014.

［8］铅华. 别让不懂职场礼仪害了你［M］. 天津：天津科学技术出版社，2016.

［9］鲍秀芬. 现代社交礼仪修养（第 2 版）［M］. 北京：机械工业出版社，2016.

［10］格格. 女人优雅，一定要懂礼仪社交［M］. 哈尔滨：黑龙江科学技术出版社，2016.